Virtuelle Unternehmen

ZukunftsStudien

Herausgegeben von Rolf Kreibich

Band 31

PETER LANG
Frankfurt am Main · Berlin · Bern · Bruxelles · New York · Oxford · Wien

Michael Heinze/Christian Trapp/
Michaela Wölk/Sandra Krause/
Mandy Scheermesser

Virtuelle Unternehmen

Trendentwicklungen, Unternehmensfallstudien,
Erfolgsfaktoren, Zukunftsszenarien

Mit einem Vorwort von
Rolf Kreibich

Unter Mitarbeit von Britta Oertel
mit einem Praxis-Beitrag
von Heike Arnold

PETER LANG
Europäischer Verlag der Wissenschaften

Bibliografische Information der Deutschen Nationalbibliothek
Die Deutsche Nationalbibliothek verzeichnet diese Publikation in
der Deutschen Nationalbibliografie; detaillierte bibliografische
Daten sind im Internet über <http://www.d-nb.de> abrufbar.

Umschlagabbildung:
„Virtuelle Unternehmen"
Abbildungen oben: Quelle PhotoCase.com
Abbildungen unten: Quelle PixelQuelle.de

Das dem Bericht zugrunde liegende Vorhaben wurde mit Mitteln
des Bundesministeriums für Bildung und Forschung unter den
Förderkennzeichen
01HU0308, 01HU0309, 01HU0310 gefördert.
Die Verantwortung für den Inhalt dieser Veröffentlichung
liegt bei den Autoren.

ISSN 1860-658X
ISBN-10: 3-631-56255-1
ISBN-13: 978-3-631-56255-0
© Peter Lang GmbH
Europäischer Verlag der Wissenschaften
Frankfurt am Main 2007
Alle Rechte vorbehalten.

Das Werk einschließlich aller seiner Teile ist urheberrechtlich
geschützt. Jede Verwertung außerhalb der engen Grenzen des
Urheberrechtsgesetzes ist ohne Zustimmung des Verlages
unzulässig und strafbar. Das gilt insbesondere für
Vervielfältigungen, Übersetzungen, Mikroverfilmungen und die
Einspeicherung und Verarbeitung in elektronischen Systemen.

www.peterlang.de

Inhaltsverzeichnis

Vorwort 7

1 Virtuelle Unternehmen – ein Modell zukünftiger
  Unternehmensgestaltung? 11

2 Erfolgsfaktoren virtueller Unternehmen: ein Einstieg in das Projekt 17
  2.1 Virtuelle Unternehmen – eine Annäherung 19
  2.2 Virtuelle Unternehmen – ein Kriterienraster 21
  2.3 Virtuelle Unternehmen – eine Definition 23

3 Die Entwicklungsbedingungen virtueller Unternehmen – eine
  Trendanalyse 27
  3.1 Das technologische Umfeld 27
  3.2 Das gesellschaftliche und wirtschaftliche Umfeld 32

4 Erfolgsfaktoren virtueller Unternehmen – die Hypothesen 39
  4.1 Die Unternehmensorganisation in virtuellen Unternehmen 40
  4.2 Die Rechtsform 42
  4.3 Die Regelung der Geschäftsbeziehung zwischen den Partnern 43
  4.4 Die Organisation von Zuständigkeiten, Verantwortlichkeiten
      und Projektkoordination 45
  4.5 Gestaltungspotentiale für eine menschengerechte und
      leistungsfähige Arbeit 47

5 Erfolgsfaktoren virtueller Unternehmen – die Erhebungsphase 51
  5.1 Herangehensweisen der Online-Forschung 51
  5.2 Der Unternehmenspool 54
  5.3 Die rechtliche Konstruktion 55
  5.4 Der Netzwerkcharakter 57
  5.5 Unternehmensphilosophie bzw. Selbstverständnis 58
  5.6 Befunde der Erhebungen 59

6	Virtuelle Unternehmen: Darstellung exemplarischer Fallstudien	67
6.1	ATB	67
6.2	Axcess	71
6.3	ARGO	75
6.4	FM-Connect.com – das FM-Beratungs- und Ingenieurnetzwerk	79
6.5	Grenzüberschreitende Kooperationen: Europäische wirtschaftliche Interessenvereinigung (EWIV)	85
6.6	Fazit	95

7	Virtuelle Unternehmen – Entwicklungsperspektiven und Szenarien	99
7.1	Einleitung und Methodik	99
7.2	Trendszenario: das virtuelle Unternehmen im Jahr 2015	100
7.3	Virtuelle Unternehmen 2015: „Wie es uns gefällt"	107
7.4	Zusammenfassung und Ableitung von Konsequenzen	114

8	Handlungsempfehlungen im Umfeld virtueller Unternehmen	117

Expertinnen und Experten	121
Literaturverzeichnis	123
Praxisbeitrag von Heike Arnold	129

Vorwort

Noch vor wenigen Jahren hätten sich die meisten Menschen nicht vorstellen können, dass es sich bei einem Unternehmen nicht um Gebäude handeln würde, in denen Menschen arbeiten, produzieren, denken, planen, verwalten und so Produkte schaffen, Dienstleistungen erstellen oder Informationsaustausch organisieren. So ist die in diesem Buch aufgezeigte Entwicklung hin zu Unternehmen, die im Sinne einer „anfassbaren Hardware" gar nicht mehr vorhanden sein müssen, eine revolutionäre Innovation. Diese Entwicklung ist, wie manch andere ein Ergebnis der rasanten Digitalisierung, der permanenten Effizienzsteigerung in Unternehmen und eines unerbittlichen Kostenwettbewerbs in einer globalisierten Weltökonomie.

Ganz zweifellos haben die zunehmenden Innovationen und Einsatzbereiche von Informations- und Kommunikationstechnologien (IuK-Technologien) in Verbindung mit der Nutzung weltweiter Kommunikationsnetze den wirtschaftlichen Wandel stark beschleunigt und neue Formen der Arbeits- und Unternehmensgestaltung erst ermöglicht. So ist die Weiterentwicklung und Verbreitung der IuK-Technologien zentrale Voraussetzung und Antriebskraft für die weltweite ökonomische und soziale Vernetzung. Dies wiederum ist die entscheidende Grundlage für die Möglichkeiten, wirtschaftlich hoch effiziente Netzwerke mit Partnern unterschiedlicher Wertschöpfungsketten aufzubauen und im Sinne von „virtuellen Unternehmen" zu managen. Die Ablösung bilateraler Partnerschaften durch multilaterale Partnernetze und flexible Unternehmensstrukturen auf Zeit ist ein Innovationsschritt, der mehr und mehr zum zentralen Wettbewerbsfaktor werden kann.

Die vorliegende Studie unternimmt den Versuch, sich den Chancen, Problemen und Risiken virtueller Unternehmen zu nähern. Sie beschäftigt sich in erster Linie mit den realen Entwicklungen virtueller Unternehmensstrukturen sowie den möglichen und wünschbaren Gestaltungsperspektiven für menschengerechte und leistungsfähige neue Arbeits- und Unternehmensorganisationen im Rahmen solcher IuK-gestützter Partnernetzwerke. Neben der theoretischen Auseinandersetzung mit virtuellen Unternehmen werden empirische Ergebnisse, Entwicklungsperspektiven und Szenarien sowie nationale und internationale Fallstudien virtueller Unternehmen vorgestellt.

Vor allem die in Kapitel 6 dargestellten exemplarischen Fallstudien verdienen höchste Beachtung, denn sie zeigen sehr eindrucksvoll, welchen Stand heute schon virtuelle Unternehmen erreicht haben und welche enormen Entwicklungspotenziale sowohl für die einzelnen Mitarbeiterinnen und Mitarbeiter als auch das gesamte Unternehmen in diesen Organisationsformen stecken. Sie geben aber auch einen guten Einblick in die Schwierigkeiten, Probleme und Risiken, die mit solchen Unternehmenspartnerschaften verbunden sind.

Die Studie macht deutlich, dass es nicht *das* virtuelle Unternehmen gibt, sondern dass es sich um eine Vielfalt neuer Formen der Unternehmensorganisation handelt, die durch zahlreiche Facetten und Ausprägungen gekennzeichnet sind. Die Unterschiede beziehen sich dabei sowohl auf die Größe, die Rechtsform und die Branche, als auch auf die Art der Arbeitsorganisation und der Kommunikationswege. Kurz gesagt: Vielfalt und Flexibilität sind die wichtigsten Elemente virtueller Unternehmen.

Ein besonderer Fokus der Studie liegt auf den Potentialen menschengerechter und leistungsfähiger Arbeits- und Unternehmensorganisationen in virtuellen Unternehmen. Die Leistungsfähigkeit der virtuellen Unternehmensformen konnten die untersuchten Fallbeispiele durchaus unter Beweis stellen. Ob virtuelle Unternehmen aber tatsächlich in besonderer Weise eine menschengerechte Arbeitsform darstellen, kann nicht abschließend beantwortet werden. Die Ergebnisse zahlreicher Fachgespräche, Fallstudieninterviews und Veranstaltungen im Rahmen des Projektes zeigen, dass die Interpretationen menschengerechter Arbeit höchst unterschiedlich ausfallen und von der subjektiven Einschätzung sowie den Bedürfnissen eines jeden Einzelnen abhängig sind.

Deutlich wird, dass virtuelle Unternehmen ein hohes Maß an Flexibilität nach innen und außen bieten, das heißt gegenüber Kunden und Auftraggebern ebenso wie im Rahmen der Partnerkooperation. Virtuelle Unternehmen ermöglichen unterschiedlichste Formen der zeitlichen und räumlichen Arbeitsorganisation und damit eine hohe Anpassungsfähigkeit an individuelle Bedürfnisse der in ihnen arbeitenden Menschen. Flexibilität der Arbeitsgestaltung heißt aber auch, dass die individuellen Anforderungen im Umgang mit den Gestaltungspotentialen sehr hoch sind. In besonderem Maße eigenverantwortlich zu Handeln und die Fähigkeit mit Freiräumen umzugehen, sind wesentliche Voraussetzungen, um in virtuellen Unternehmen Formen menschengerechter Arbeit zu finden. Kompetenzen wie Selbstorganisation, soziale und interkulturelle Kompetenz sowie die Fähigkeiten zur Kooperation, Kommunikation und Konfliktlösung bilden dafür die Basis und sollten durch Bildungseinrichtungen verstärkt gefördert werden.

Das Kapitel 7.4. enthält eine erste Zusammenfassung der aus der Studie resultierenden Erkenntnisse und Konsequenzen und spiegelt in dieser Form auch den heutigen Stand der Entwicklung und Folgen von virtuellen Unternehmensorganisationen gut wider. Hieraus werden dann im Kapitel 8 zentrale Handlungsempfehlungen für die Setzung notwendiger politischer und wirtschaftlicher Rahmenbedingungen zur Entwicklung menschengerechter Unternehmensstrukturen abgeleitet. Weiterhin werden die Voraussetzungen einer gezielten Kompetenzvermittlung im Rahmen der Bildungspolitik und die Notwendigkeiten der ständigen Weiterbildung von Beratungseinrichtungen und Multiplikatoren im Hinblick auf funktionsfähige und den Bedürfnissen der Mitarbeiterinnen und Mitarbeiter entsprechenden virtuellen Unternehmen dargelegt. Zum Schluss werden noch wichtige Hinweise für die Durchsetzung und Verbreitung der Europäischen Wirtschaftlichen Interessensvereinigung (EWIV) – einer auch für virtuelle Unternehmen interessanten Rechtsform – gegeben. Hinweise zur Flexibilisierung von Lizenzrechten und für ein Marketing, das erfolgreiche Modelle virtueller Unternehmen einer breiten Öffentlichkeit und prädestinierten Fachkreisen besser bekannt macht runden das Kapitel Handlungsempfehlungen für Politik, Wirtschaft und Unternehmen ab.

Als Beitrag aus der realen Arbeits- und Lebenswelt virtueller Unternehmen fügen wir am Schluss des Buches eine Zusammenfassung eines Dossiers unserer Praxispartnerin Heike Arnold – The Webworker Group an: „Warum sie entstehen. Wie sie entstehen. Und welchen Beitrag sie für den Fortschritt in Wirtschaft, Politik und Gesellschaft leisten wollen und können.". Eine detaillierte Darstellung findet sich unter www.das-virtuelle-unternehmen.de. Das Dossier ist – in Ergänzung zu dem vorliegenden wissenschaftlichen Bericht – eine Auseinandersetzung mit virtuellen Unternehmen aus Sicht der Praxis. Dabei stehen Erfahrungen und Wahrnehmungen von Unternehmern, die sich seit vielen Jahren mit neuen Arbeitswelten befassen im Vordergrund.

Mit der Veröffentlichung dieser Publikation möchte ich mich, auch im Namen aller Mitarbeiterinnen und Mitarbeiter an der Studie, bei allen Unternehmerinnen und Unternehmern für die geduldige Teilnahme an den Fachgesprächen und für die Schilderung ihrer Erfahrungen mit virtuellen Unternehmen herzlich bedanken. Bedanken möchten wir uns auch bei allen Teilnehmerinnen und Teilnehmern der Zukunftswerkstatt und der Abschlussveranstaltung für die wichtigen und interessanten Diskussionen und vielfältigen Anregungen für die Projektarbeit. Ohne diese aktive Unterstützung wäre dieser Abschlussbericht sicherlich nicht so erkenntnisreich und fruchtbar ausgefallen. Ich danke vor allem auch dem EVU-Projektteam für die ausgezeichnete Arbeit und das kooperative Zusammenwirken der Projektpartner.

Prof. Dr. Rolf Kreibich   Berlin, im Oktober 2006
Wissenschaftlicher Direktor
und Geschäftsführer des IZT

1 Virtuelle Unternehmen – ein Modell zukünftiger Unternehmensgestaltung?

"Kein Naturgesetz garantiert uns Wachstum und Wohlstand, aber wir sind der Entscheidung nicht ausgeliefert, sondern können sie selbst treffen. Wenn die Industriestaaten ihren hohen Lebensstandard halten und ihre sozialen Probleme lösen wollen, dann müssen sie einen neuen Motor der Prosperität finden. Dieser Motor ist das virtuelle Unternehmen"

So klar und eindeutig beschreiben William H. Davidow und Michael S. Malone (1993, S. 29 f.) Anspruch und Verheißung eines neuen Selbstverständnisses und eines neuen Organisationssystems von Unternehmen. Denn für die Autoren befindet sich die Wirtschaft der Industriestaaten – und mit ihr als deren zentraler Kern die Unternehmung (Hall/ Soskice 2001, S. 6) – am Beginn des 21. Jahrhunderts vor einer schicksalhaften Richtungsentscheidung: Zur „wirtschaftlich-technischen Avantgarde" zu gehören und die Vision einer virtuellen Unternehmung als zentrale Leitfigur zu realisieren, oder aber zu „nachindustriellen Entwicklungsländern zu verkümmern" und in „ökonomische Leibeigenschaft" mit wachsender Verarmung zu geraten (Davidow/ Malone 1993, S. 11).

Erzwungen werde diese Richtungsentscheidung durch das Entstehen einer neuen Art von Produkt – Davidow und Malone nennen es *virtuelles Produkt* –, das dadurch gekennzeichnet sei, dass es „jederzeit, überall und in jeder Form und Größe verfügbar gemacht werden" könne und deshalb unmittelbar und kundenspezifisch erstellt werde (Davidow/ Malone 1993, S. 11 f.). Ihre Entstehung verdanke diese Art von Produkten

- dem Einsatz hocheffizienter Informationsverarbeitung,
- dynamischen Unternehmensstrukturen und
- innovativen Fertigungssystemen (Davidow/ Malone 1993, S. 11).

Denn diese drei Faktoren ermöglichten und erforderten zugleich eine grundsätzliche Umwälzung in der Marktstruktur und damit im Produktionssystem: Vom Verkäufer- zum Käufermarkt, von der Massenproduktion standardisierter Produkte und Leistungen zur flexiblen, an den individuellen Kundenwünschen ausgerichteten Leistungserstellung (Davidow/ Malone 1993, S. 21 und S. 27).

Hinzu kommen die substantiell veränderten Entwicklungsbedingungen. So haben sich in den letzten Jahren sowohl die Märkte als auch das Wettbewerbsumfeld für die Unternehmen stark verändert (vgl. z. B. Dettling 2001). Der Wettbewerb beschränkt sich nicht auf einzelne Regionen, sondern ist durch globalisierte und internationalisierte Märkte geprägt (vgl. z. B. Koch 1997, S. 763; einschränkend dazu: Atlas der Globalisierung, S. 22 f.). Die so verstärkte weltweite Konkurrenz erhöht den wirtschaftlichen Druck auf die Unternehmen. In der Folge müssen Unternehmen sich schnell und stetig an veränderte Marktbedingungen anpassen, neue Technologien in immer kürzeren Zeitabständen einführen und sich durch erhöhte Arbeitsteilung weiter spezialisieren (vgl. Backhaus/ Gruner 1994, S. 29). Schnelligkeit und Flexibilität, aber auch die Konzentration auf das Kerngeschäft sind in der Zukunft kritische Erfolgsfaktoren.

Gerade kleine und mittlere Unternehmen (KMU) stehen vor der Herausforderung, ihre Wettbewerbsfähigkeit in einem zunehmend globalen Markt zu erhalten: Zunehmender Wettbewerbsdruck und eine gesteigerte Differenzierung von Kundenpräferenzen hinsichtlich Qualität, Kosten und Lieferzeiten erfordern auch von KMU, Innovationsprozesse zu initiieren und zu beschleunigen (Fourcade 1995).

Für Davidow und Malone (1993, S. 26 f.) ist die Entwicklung und Entfaltung virtueller Unternehmen deshalb zwingend:

„Es gibt zum Virtuellen Unternehmen keine erfolgversprechende Alternative, daher vollzieht sich der Wandel auch so schnell. Sie entsteht also aus einer pragmatischen Notwendigkeit, als Ergebnis des Zusammentreffens von aggressiver internationaler Konkurrenz und atemberaubenden Technologiefortschritten. Wenn die westlichen Industriestaaten an ihren herkömmlichen Management- und Produktionsmethoden festhalten, dann werden sie bald nicht mehr in der Lage sein, auf den Weltmärkten zu konkurrieren, weil sie stark exportabhängig sind und weil modernste technische Ausrüstungen zunehmend auch den Schwellen- und Entwicklungsländern zur Verfügung stehen."

Notwendig sei eine Konzentration der Unternehmen auf ihre jeweiligen Kernkompetenzen, die diese dann in Form horizontaler und/ oder vertikaler Leistungsverflechtung mittels Kooperation mit anderen Unternehmen zusammenführen; das heißt: Unternehmen reagieren auf die veränderten wirtschaftlichen Anforderungen mit dynamisierten und flexibleren Organisationslösungen. Sie entfernen sich damit von den zum Teil hochgradig hierarchisierten und geschlossenen Strukturen des Industriezeitalters hin zu flachen Hierarchien und Netzwerkstrukturen, zu Modularisierungen und Symbiosen: Im Gegensatz zu klassischen Management- und Produktionsmethoden mit ihren Wertschöpfungs*ketten* sind virtuelle Unternehmen gekennzeichnet durch ihre Wertschöpfungs*netze* (Lange 2001, RdNr. 17).

Und spätestens seit sich das Fraunhofer-Institut für Systemtechnik und Innovationsforschung im Auftrag des Bundesministerium für Bildung, Wissenschaft, Forschung und Technologie in der deutschen Delphi-Studie '98 mit der Frage beschäftigte, was die Themen der Zukunft seien, die von Wissenschaft und Technik beeinflusst werden könnten, genießen Fragen neuer Formen von Unternehmensorganisation und Arbeitsgestaltung auch in der deutschen praxisorientierten Wissenschaft und Fach-Öffentlichkeit besondere Beachtung. In dieser Studie äußerten die befragten Fach-Experten die Erwartung, dass bis zum Jahr 2005 neue betriebliche Organisationsformen und bis zum Jahr 2010 Telearbeit und vernetzte Unternehmen zu den zentralen Innovationsfeldern zählen.

Abbildung 1-1: Die Zeitachse der wichtigsten Innovationsgebiete

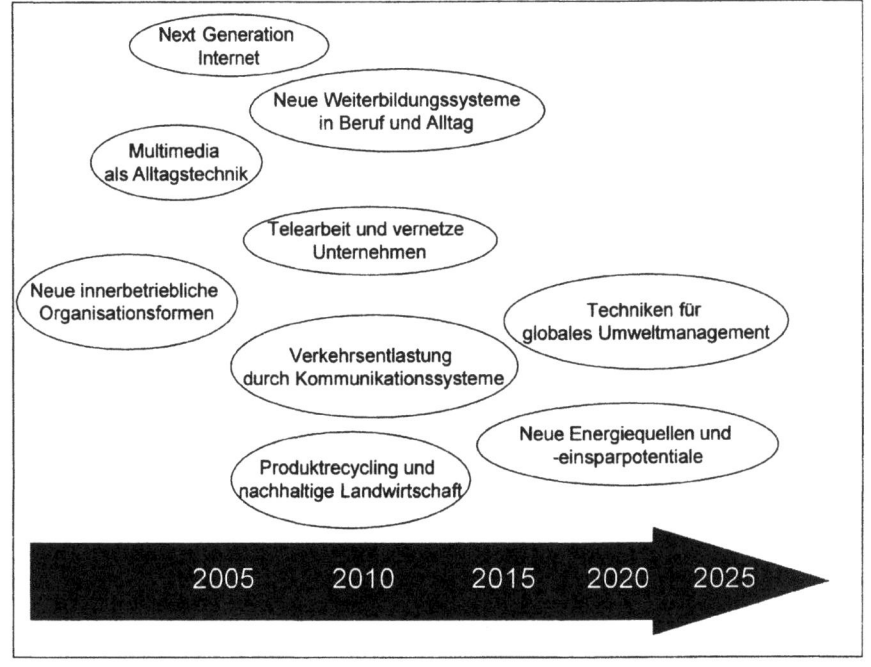

Quelle: Delphi '98 Umfrage. Studie zur globalen Entwicklung von Wissenschaft und Technik. Zusammenfassung und Ergebnisse, Karlsruhe 1998, S. 17.

Wenngleich eine Verallgemeinerung der Ergebnisse dieser Delphi-Studie – wie anderer Expertenbefragungen auch – aus methodischen Gründen, wie bspw. der fehlenden Repräsentativität (Blind 1998, S. 49), einer systematischen Unterschätzung der Dimension Zeit oder einer Art „Betriebsblindheit" gegenüber alternativen Technologien sowie der Neben-, Folge- und Wechselwirkungen der propagierten Entwicklungen (Steinmüller/ Steinmüller 2000, S. 10), nicht möglich ist, werden ihre Ergebnisse von der Öffentlichkeit und der Politik doch häufig als meinungsbildend und auch handlungsleitend betrachtet. In jedem Fall aber dokumentieren derartige Ergebnisse ein besonderes Augenmerk der beteiligten Fachleute wie auch der veröffentlichten Meinung auf die genannten Themenfelder im Sinne des Erkenntnisses besonderer Innovationspotentiale.

Inwieweit virtuelle Unternehmen diese ihnen zugeschriebenen Innovationspotentiale besitzen, ist Gegenstand dieser Studie – nicht in dieser allgemeinen Formulierung, sondern konzentriert auf die Frage, welches Gestaltungspotential für eine menschengerechte und leistungsfähige Arbeits- und Unternehmensorganisation in virtuellen Unternehmen zu finden ist bzw. gesehen wird. Damit aber sind implizit schon zwei wichtige Grundlagen dieser Studie benannt:

- **auf methodischer Ebene:**
  Es handelt sich *nicht* um eine rein theoretische Abarbeitung an einem nicht hinterfragten Objekt: „Virtuelle Unternehmen", sondern – methodisch gesehen – um eine Art Hypothesentest, in dem nicht nur aus der Literatur, der veröffentlichten Meinung und der Wissenschaft gewonnene Meinungen und Vorstellungen aufgearbeitet, sondern mittels Fallstudien und Interviews mit Betroffenen, Betreibern und Mitarbeitern virtueller Unternehmen auf ihren empirischen Gehalt hin auch „geprüft" werden.

- **auf inhaltlicher Ebene:**
  Schon der Arbeitsauftrag für diese Studie suggeriert, dass es einen Konflikt zwischen „menschengerecht" und „leistungsfähig", aber auch zwischen „Arbeits-" und „Unternehmensgestaltung" geben kann – aber nicht notwendigerweise geben muss (andernfalls nämlich bräuchte man das Potential spezifischer Unternehmensausprägungen zur Verwirklichung dieser Ansprüche nicht zu untersuchen). Das heißt, dass insbesondere der Frage, wie virtuelle Unternehmen sich von anderen Unternehmen unterscheiden, besonderes Gewicht zukommt, um Rückschlüsse auf den Zusammenhang von Unternehmensstruktur, -organisation bzw. -(selbst)verständnis einerseits[1] und Gestaltungspotentialen für eine menschengerechte und leistungsfähige Arbeitsgestaltung andererseits sowie deren Begründung herleiten zu können.

Insofern konzentriert sich diese Studie auf drei zentrale Bereiche:

- auf eine Auseinandersetzung mit dem Gegenstand „Virtuelle Unternehmen",
- auf eine Auseinandersetzung mit dem scheinbaren Paradoxon von „menschengerecht" *und* „leistungsfähig" im Bereich wirtschaftlicher Verwertung (Unternehmen, die sich allein auf das so genannte Angemessenheitsprinzip statt des Gewinnprinzips beschränken, sind nicht Gegenstand der Untersuchung) und
- auf zentrale, aus Literatur, veröffentlichter Meinung und Selbstbeschreibung virtueller Unternehmen bzw. Betreiber virtueller Unternehmen gewonnene Aussage mit Ergebnissen aus Interviews und Fallstudien mit bzw. in „Virtuellen Unternehmen".

Die übergreifenden Ziele des Forschungsprojekts bestehen darin, in wissenschaftlicher Hinsicht einen Beitrag zur Evaluation von virtuellen Unternehmen zu leisten. In praktischer Sicht soll geklärt werden, ob und inwieweit virtuelle Unternehmen eine Veränderung der wirtschaftlichen und gesellschaftlichen

---

[1] Hier greifen wir zwar den Ergebnissen der Typologisierung schon vor; die Bedeutung dieser Dreiteilung wird aber im Weiteren noch ausreichend begründet.

Rationalitäten bewirken. Denn derzeit fehlt eine detaillierte Bestandsaufnahme der tatsächlichen Anforderungen *an* sowie Wirkungen *von* virtuellen Unternehmen, mit der nicht nur die theoretischen Potentiale, sondern vor allem der tatsächliche Wirkungsgrad der veränderten Organisation der Leistungserstellung beispielhaft für andere Initiativen zum Aufbau virtueller Unternehmensstrukturen erfasst und verbreitet wird.

2 Erfolgsfaktoren virtueller Unternehmen: ein Einstieg in das Projekt

In dem durch das Bundesministerium für Bildung und Forschung geförderten Projekt „Erfolgsfaktoren virtueller Unternehmen (EVU)" gehen die drei Projektpartner – das IZT – Institut für Zukunftsstudien und Technologiebewertung, das Sekretariat für Zukunftsforschung (SFZ) und The Webworker Group (TWG) – der Frage nach, welche Gestaltungspotentiale für eine menschengerechte und leistungsfähige Arbeits- und Unternehmensorganisation in virtuellen Unternehmen stecken. Dabei wurde von folgenden Thesen ausgegangen:

- **Innovationsfähigkeit bedeutet Wettbewerbsfähigkeit**
  Die Wettbewerbsfähigkeit von Unternehmen steht in engem Zusammenhang mit ihrer sozialen, technologischen und organisatorischen Innovationsfähigkeit, also ihrer Fähigkeit, Kompetenzen, Wissen und neue Technologien in Produkte umzusetzen und/ oder in Organisationsprozesse zu integrieren[2].

- **Erste Herausforderung: Der „Käufermarkt"**
  Der grundlegende Wechsel vom Verkäufer- zum Käufermarkt und die steigende Differenzierung von Kundenpräferenzen hinsichtlich Qualität, Zeit und Kosten fordern gerade die Innovationsfähigkeit kleiner und mittlerer Unternehmen heraus, da diese stärker als große Unternehmen personellen und finanziellen Kompetenz- und Kapazitätsbeschränkungen unterworfen sind.

- **Zweite Herausforderung: Der verschärfte Wettbewerb**
  Mit der zunehmenden Internationalisierung der Unternehmen und der immer umfassenderen Öffnung der Märkte im Zuge der Restrukturierung des Welthandelssystems (Stichwort „Globalisierung"), insbesondere auch im Zuge der Erweiterung des gemeinsamen Europäischen Marktes, hat sich dieser Wettbewerbsdruck zusätzlich verstärkt.

- **Das Potential: Die „neuen" Technologien**
  Der breite Einzug der IuK-Technologien als Querschnittstechnologien in Leistungserstellung und -organisation hebt bislang gültige Zeit-Raum-Beschränkungen auf und verschafft gerade kleinen und mittleren

---

[2] Gerade für die Diskussion um die Wettbewerbsfähigkeit deutscher Unternehmen im internationalen Wettbewerb und ihrer Konkurrenzsituation innerhalb des gemeinsamen europäischen Marktes spielt in der wissenschaftlichen Diskussion der *varieties of capitalism* die Unterscheidung von Produkt- und Prozessinnovationen eine zentrale Rolle (vgl. z. B. Albert 1992 und Hall/ Soskice 2001). Dieser Aspekt wird im weiteren Fortgang dieser Studie aber nicht mehr aufgegriffen, weil er sich im Rahmen des Untersuchungsgegenstandes nur in den jeweiligen Unternehmenszielen äußert, nicht aber in deren Gestaltung.

Unternehmen die Möglichkeit, sich Kompetenzen und Potentiale – und damit auch neue Märkte – zu erschließen, die ihnen aufgrund ihrer Kleinheit bislang verwehrt waren. Das geschieht vor allem durch neue Formen zwischenbetrieblicher Kooperationen, die es ermöglichen, die spezifischen Kompetenzen der Partner für jeweils eigenständige Projekte zusammenzufassen und zu bündeln und somit gemeinsam eine Leistung zu erstellen, die andernfalls nur großen Unternehmen möglich ist, die alle erforderlichen Leistungen „unter einem Dach" bieten.

Virtuelle Unternehmen gelten als eine Form unternehmensübergreifender Kooperation, die nicht nur kleinen und mittleren Unternehmen diese Größen- und damit Wettbewerbspotentiale verschafft, sondern zudem geeignet erscheint, die wirtschaftliche Leistungs- und Wettbewerbsfähigkeit der beteiligten Unternehmen mit den Bedürfnissen der beteiligten Menschen nach einer menschengerechten Gestaltung ihrer Arbeitszusammenhänge, der betrieblichen Arbeitsorganisation und der individuell erfahrenen Arbeitswelt erfüllend zu verbinden. Ziel des Projektes von IZT, SFZ und TWG ist es herauszuarbeiten, ob diese Erwartungen bzw. Hoffnungen berechtigt sind, welchen Einschränkungen sie ggf. unterliegen, und wie man diesen ggf. begegnen kann.

Bevor aber den Fragen nach den Potentialen menschengerechter Arbeit in virtuellen Unternehmen nachgegangen werden kann, muss der Begriff „Virtuelle Unternehmen" definiert und der Begriff „menschengerecht" von seiner Zielrichtung her bestimmt werden:

- Was ist, was kennzeichnet ein virtuelles Unternehmen?
- Was ist eine menschengerechte Arbeits- und Unternehmensorganisation?

Während für die Betrachtung der zweiten Frage die Vielschichtigkeit und Unterschiedlichkeit menschlicher Bedürfnisse und Präferenzen von zentraler Bedeutung ist, handelt es sich bei der ersten um eine eher technische Definitionsfrage. Zur Bearbeitung der zweiten Frage muss methodisch ein Weg des interaktiven Austauschs und des Dialogs zwischen den forschenden Projektpartnern und den „zu beforschenden" virtuellen Unternehmen – einschließlich des Praxispartners TWG – gesucht werden, will man nicht nur statistische, sondern auch praktisch verwertbare und für die politische Gestaltung relevante Ergebnisse erzielen, wird die Auswahl derer, die zu den „zu beforschenden" Unternehmen zählen, von den Projektpartnern letztendlich per Definition gesetzt. Was also sind virtuelle Unternehmen im Sinne des Projektes?

2.1 Virtuelle Unternehmen – eine Annäherung

Wenngleich erste Veröffentlichungen, die den Begriff „Virtuelle Unternehmen" bzw. „Virtuelle Organisationen" benutzen, schon in der ersten Hälfte der 1990er Jahre zu finden sind, ist die inhaltliche Bestimmung nach wie vor schwammig. Nicht nur, dass der Begriff „virtuell" – laut Fremdwörter-Duden mit „der Kraft oder Möglichkeit nach vorhanden" zu übersetzen – mit einer Vielzahl von Interpretationen belegt ist (vgl. z. B. Bieniek 2004, S. 21 f.), in Bezug auf ein Unternehmen, eine im klassischen Verständnis organisatorisch-rechtliche Einheit, wirkt er wie ein sprachlicher Anachronismus. Deshalb kommt eine Auseinandersetzung mit dem Thema nicht umhin, eine Arbeitsdefinition für „Virtuelle Unternehmen" voranzustellen, die einerseits offen genug ist, um der Vielzahl und Vielfalt konkreter Ausprägungen gerecht zu werden, es andererseits aber eraubt, anhand eines Kriterienrasters relevante Unternehmen zu identifizieren.

Der Begriff „Virtuelle Unternehmen" lässt sich in einem ersten Arbeitsgang auf vier voneinander unterscheidbare Dimensionen beziehen:

- **Auf die Substanz des Unternehmens:**
  Das virtuelle Unternehmen wird zwar „von außen" als ein geschlossenes Unternehmen wahrgenommen, dahinter aber verbirgt sich ein Netzwerk rechtlich voneinander unabhängiger Partner, d. h. unter dem gemeinsamen Namen findet sich ein Konglomerat eigentlich selbständiger Unternehmen, die in der Außendarstellung dem Kunden aber als einheitliches Unternehmen gegenübertreten.

- **Auf den materiellen Gehalt des Unternehmens:**
  Das „von außen" wahrgenommene Unternehmen verfügt über keine materielle Unternehmensstruktur, sondern basiert nur auf Informations- und Kommunikationsstrukturen zwischen den beteiligten Partnern. D. h. es gibt keinen Unternehmenskorpus, sondern bestenfalls zentrale Knotenpunkte innerhalb eines IKT-Systems.

- **Auf den Grad der eigenständigen Leistungserbringung in Relation zum eigenen Angebot:**
  Das „von außen" wahrgenommene Unternehmen entspricht „im Inneren" nur einer „Agentur", dessen Leistungsangebot in der Vermittlung und Zusammenführung selbständiger Unternehmen/ Unternehmer besteht, um ein Gesamtprojekt im Sinne des Kunden zu bewältigen. In diesem Fall handelt es sich beim „Virtuellen Unternehmen" um eine Art Generalunternehmer, der die Leistungserbringer zur Erfüllung *seiner* Leistungsverpflichtung auf eigene Rechnung beschäftigt, ohne dass dies dem Kunden gegenüber zutage tritt: Die dem Kunden gegenüber angebotenen und erbrachten Leistungen gehen systematisch über das Leistungsspektrum des Auftragnehmers selbst hinaus.

- **Auf die Persistenz des Unternehmens:**
  Das „Unternehmen" existiert nur für das jeweilige Projekt, ist also sowohl in Bezug auf die Zeitdimension als auch in Bezug auf die spezifische Zusammensetzung der Partner innerhalb des Unternehmens *systematisch* nicht auf Dauer ausgerichtet: es löst sich in seiner Zusammensetzung nach Beendigung eines Projektes auf, ohne dass das virtuelle Unternehmen in seiner Außendarstellung erlischt.

Diese vier Dimensionen sind nicht trennscharf zueinander – sie korrelieren sogar stark miteinander – zeigen aber vier zentrale Aspekte auf, nach denen man pointiert die Bedeutung des „Virtuellen" der Unternehmensgestaltung gewichten und damit unterschiedliche Verstehensweisen von „virtuellen Unternehmen" identifizieren kann. Diese vier Aspekte lassen sich in vier Fragen ausdrücken:

- Existiert das Unternehmen quasi als Monolith oder besteht es, für den Kunden ggf. gar nicht erkennbar, aus einer Mehrzahl rechtlich eigenständiger Wirtschaftseinheiten?
- Existiert eine materielle – d. h. organisatorische *und* institutionelle – Infrastruktur oder beruht das Unternehmen im Wesentlichen auf Informationsaustausch und der Koordination von Leistungen ansonsten eigenständig wirtschaftender Einheiten?
- Handelt es sich bei der Leistung des anzusprechenden Unternehmens für den Kunden erkennbar um eine primäre oder eine intermediäre Leistungserfüllung?
- Ist das Unternehmen als Wirtschaftseinheit in seiner gegenwärtigen Form auf Dauer angelegt oder *systematisch* nur jeweils projektbezogen zu verstehen?

Der Rückschluss auf unterschiedliche Unternehmensverständnisse oder gar „Unternehmensphilosophien", der sich aus der Gesamtschau auf die Antworten auf diese vier Fragen ergibt, bildet einen zentralen Baustein für die Identifikation virtueller Unternehmen im Gegensatz zu bzw. als besondere Form von Netzwerken (vgl. Bieniek 2004, S. 23 f.).

So nimmt in den genannten vier unterscheidbaren Formen virtueller Unternehmen von der ersten zur vierten Ausprägung die wechselseitige Verpflichtung der beteiligten Partner durch das Unternehmen selbst in zunehmendem Maße ab, die Bedeutung der unternehmerischen Eigenständigkeit der Partner und damit der Grad der „Freiwilligkeit" ihres Engagements im virtuellen Unternehmen hingegen steigt. Damit aber verschiebt sich auch das Gewicht der formalen Ordnungsstruktur „Unternehmen" hin zur gemeinsam geteilten Geschäftsidee – zum Selbstverständnis und der eigenen Unternehmensphilosophie. So charakterisiert Heike Arnold, Geschäftsführerin des Praxispartners TWG in diesem Projekt ein virtuelles Unternehmen als

"... eine zeitgemäße Form des dezentralisierten Projektmanagements, das auf einem gemeinsamen Verständnis über unternehmerisches Denken und Handeln in der Informations- und Wissensgesellschaft aufbaut und durch den Einsatz moderner Informations- und Kommunikationstechnologien ermöglicht wird".

2.2 Virtuelle Unternehmen – ein Kriterienraster

Im Rahmen des Projektes zeichnen sich virtuelle Unternehmen durch ein im Vergleich zu „monolithischen" Unternehmen grundsätzlich anderes Verständnis von der Organisation betrieblicher Leistungsprozesse aus – nämlich als *systematische* und in der Regel jeweils *temporäre* Kooperation nicht nur rechtlich, sondern (im Gegensatz zu so genannten „Konzerntöchtern" oder „-schwestern") vor allem wirtschaftlich selbständiger Teilleistungsanbieter – und die intensive Nutzung der IuK-Technologien zur Organisation und Koordination eben dieser Kooperationsform.

Virtuelle Unternehmen sind *eine* Antwort auf die sich verändernden Rahmenbedingung im wirtschaftlichen Wettbewerb der Unternehmen und Unternehmer miteinander, aber auch Ausdruck eines sich wandelnden Unternehmens- und Unternehmerbildes: In ihnen werden die zunehmenden Flexibilitätsanforderungen nicht in der internen Unternehmens*organisation* aufgefangen, wie es bei großen Unternehmen in Form steter Reorganisationsmaßnahmen und fortschreitender Restrukturierung der eigenen Wertschöpfungskette betrieben wird – Stichworte dafür sind „outsourcing" und „re-engineering" – sondern auf die äußere Unternehmens*struktur* verlagert!

In gewisser Weise nehmen damit gerade KMU eine Entwicklung auf (wenn nicht sogar vorweg), die in großen Unternehmen – wie von Davidow/ Malone prognostiziert – in Form einer Konzentration auf die Kernkompetenzen, deren systematischer Weiterentwicklung und strategische Erweiterung durch Kooperationen immer weiter um sich greift. Denn die Konzentration auf spezifische Kernkompetenzen reduziert systematisch die Fähigkeit des einzelnen Unternehmens, Lösungen für komplexe Aufgaben zu bieten, ohne wiederum andere Unternehmen mit einzubeziehen. Virtuelle Unternehmen vollziehen somit im Gegensatz zu „klassischen" Unternehmen nicht nur eine organisatorisch-rechtliche Entkoppelung von Leistungserbringung und einzelnen Unternehmen, sondern betonen gerade die volle wirtschaftliche Selbständigkeit der jeweils beteiligten Partner:

> *„Virtuelle Unternehmen können definitiv als Alternative zu Konzernen angesehen werden. Insbesondere in einem Umfeld, das durch Konzentrationsprozesse geprägt ist, ist die Virtualisierung gerade eine Vorgehensweise, die eine rechtliche Selbständigkeit der beteiligten Unternehmen beibehält und zunächst bewusst nicht auf die langfristige wirtschaftliche Integration fokussiert."* (Scholz 2000).

In Hinblick auf die Unternehmensgestaltung sind somit folgende Charakteristika für virtuelle Unternehmen kennzeichnend (vgl. Byrne 1993, S. 98 f., zitiert in: Bieniek 2004; S. 24):

- **Ihre kooperative, netzwerkartige Organisationsform:**
  Das deutlichste Kriterium, das virtuelle Unternehmen von klassischen Formen der Unternehmensgestaltung unterscheidet, ist die kooperative, netzwerkartige Organisationsform, unter der sich rechtlich selbständige Unternehmen und/ oder Selbständige wie auch Freiberufler zusammenfinden. Entscheidend dabei ist die Tatsache, dass die beteiligten Partner als jeweils selbstständige Einheiten eigenverantwortlich wirtschaftlich agieren, was eine partielle wirtschaftliche Abhängigkeit einzelner Partner voneinander aber nicht grundsätzlich ausschließt.

- **Die damit verfolgte Ressourcen- und Kompetenzbündelung:**
  Hauptziel eines virtuellen Unternehmens ist eine gemeinsame Leistungserstellung, die unter Einbringung der jeweiligen Ressourcen und Kompetenzen der beteiligten Partner Ergebnisse ermöglicht, die dem einzelnen Partner alleine nicht möglich wären. Dabei kann sich die Ressourcenbündelung sowohl auf das verfügbare Know-how, die vorhandenen Qualifikationen oder die eingesetzte Technik als auch auf die Finanzen oder die Kapazitäten beziehen. Bei den einzubringenden Kompetenzen hingegen lassen sich Fach-, Prozess- und Interaktionskompetenzen unterscheiden (vgl. Gertz o.J.), die von den Partnern in unterschiedlicher Gewichtung eingebracht werden und wesentlich die Aufgabenteilung bestimmen.

- **Der prinzipielle Verzicht auf eine hierarchische Anweisungsstruktur:**
  Im Zuge der gemeinsamen Leistungserstellung kann es zwar zentrale Akteure innerhalb des virtuellen Unternehmens geben, die als Initiatoren, Koordinatoren oder Ansprechpartner für die Kunden Identifikationsfunktionen für das dahinter stehende Netzwerk übernehmen; da es sich aber um eine Kooperation jeweils selbständiger Wirtschaftseinheiten handelt, existiert keine hierarchische Ordnung im Sinne von Wiesungsverhältnissen. Fragen der Zuständigkeit ergeben sich aus den Anforderungen des Projektes und sind nicht durch formale Autorität bestimmt („indirekte Führung").

- **Die jeweils projektbezogene Kooperation auf Zeit:**
  Virtuelle Unternehmen formieren sich meistens projektbezogen, d. h. die Zusammensetzung der Partner erfolgt nach den Erfordernissen des anstehenden Projektes und die jeweiligen Partner sind nur für jene Teile und über jenen Zeitraum in das Projekt eingebunden, in denen ihre spezifische Leistung und/ oder Kompetenz für das Projekt benötigt wird. Kennzeichnend für ein virtuelles Unternehmen ist demnach die vorwiegend nur auf Zeit bzw. auf die flexible Kooperation angelegte Zusammenarbeit einzelner oder aller Partner in sich verändernden Projektzusammenhängen.

Virtuelle Unternehmen unterscheiden sich folglich deutlich von virtuellen Netzwerken in Form so genannter Intranetze, bei denen lediglich einzelne Betriebe bzw. Betriebsteile innerhalb eines Unternehmens mittels IuK-Technologien miteinander verbunden und gesteuert werden – auch wenn diese formalrechtlich selbständige Unternehmen sein sollten. Sie unterscheiden sich aber ebenso deutlich von Unternehmenskooperationen, die lediglich der Beschaffung von Waren und Dienstleistungen dienen, also reine Abnahme-Absatz-Beziehungen darstellen, es also Auftraggeber und Auftragnehmer innerhalb eines Verbundes zur Leistungserstellung gibt – auch wenn diese nur mittels IuK-Technologien organisiert werden. (Lange 2001, RdNr. 49 ff.)

Im Gegensatz zu anderen, klassischen Formen von Netzwerkorganisationen hingegen sind virtuelle Unternehmen ihrem Selbstverständnis nach charakterisiert durch die Orientierung auf die Kompetenz der jeweiligen Partner, nicht die jeweiligen Personen: Während „klassische" Netzwerke in der Regel organisch und über die jeweils beteiligten Personen wachsen, werden virtuelle Unternehmen auf konkrete Aufgaben und Projekte hin bewusst geschaffen – im Vordergrund steht dabei die jeweilige fachliche Kompetenz der Partner. Auf der anderen Seite resultiert aus dieser Orientierung im Gegensatz zu klassischen Netzwerken eine Verbindlichkeit der Partner untereinander, die sich nur auf das Projekt selbst bezieht, nach Ablauf des Projektes aber wieder hinfällig wird – denn Bezugspunkt der Zusammenarbeit ist jeweils das Projekt, nicht der Projektpartner (vgl. Arnold 2006).

2.3 Virtuelle Unternehmen – eine Definition

Somit lässt sich das virtuelle Unternehmen im Sinne des Projektes in einem ersten Schritt definieren als

> *„Zusammenschluss von Unternehmen und/oder Einzelpersonen zwecks Bündelung von Kernkompetenzen zur effizienten Ausschöpfung eines zeitlich befristeten Marktpotenzials oder zur Ausführung von Projekten ohne Kapitalbeteiligung, jedoch mit Risiko- und Kostenteilung." (Gertz o.J.)*

Für manche Autoren bildet dabei

> *„[e]ine virtuelle Organisation[...] den Gegenpol zu Unternehmensformen mit eigentumsrechtlich und vertragsrechtlich genau definierten Grenzen, eindeutig zugeordneten Wirtschaftsgütern, einer stabilen Standortbindung, einer relativ dauerhaften Ressourcenzuordnung und geregelten Ablaufstrukturen."*
> (Picot/ Reichwald/ Wigand 1998, S. 445 ff.),

Ein Umkehrschluss, der insbesondere in Hinblick auf die wechselseitige Verpflichtung der jeweils beteiligten Partner im virtuellen Unternehmen, ihre Dispositionsfreiheit und die Ausgestaltung der Geschäftsbeziehung zwischen den Partnern von besonderer Relevanz ist.

Virtuelle Unternehmen wären demnach keine neue Unternehmens*form*, sondern ein neuer *Typus* unternehmensübergreifender *Koordination*, oder konkreter: „ein Konzept der zwischenbetrieblichen Netzwerkorganisation." (Bieniek 2004, S. 24). Virtuelle Unternehmen erlauben es insbesondere kleinen und mittleren Unternehmen ihre jeweils eigenen Stärken durch ihre Spezialisierung mit den Vorteilen großer Unternehmen in Hinblick auf Kompetenzen und Markterschließungspotential zu verbinden, ohne die Nachteile großer Unternehmen auf sich zu nehmen (Lange 2001, RdNr. 31): „Kleine Organisationseinheiten sind regelmäßig schneller, flexibler, motivierter und kreativer." (Lange 2001, S. 5).

Zu den Vorteilen virtueller Unternehmen zählen (vgl. Lange 2001, RdNr. 28 f.):

- Die Verbindung der Stärken großer Unternehmen wie Kapazitäten, Finanzkraft oder Kundenstamm mit denen kleinerer Unternehmen wie Kundennähe, Flexibilität oder Führbarkeit.

- Eine höhere Effizienz, weil das virtuelle Unternehmen die benötigten Ressourcen – Know-how, Material und Kapazitäten – nicht ständig bereithalten muss, sondern sich erst bei Bedarf aus dem Pool der Partner beschafft bzw. für jedes Projekt neu akquiriert.

- Der Know-how- und Kompetenztransfer und -zuwachs, der sich für die einzelnen Partner als Synergieeffekt der gemeinsamen projektbezogenen Arbeit einstellen sollte. Dieser wächst mit der Hinzunahme neuer spezifizierter Partner innerhalb des Netzwerks für die jeweiligen Partner überproportional.

- Die Markterweiterungsmöglichkeiten, die sich für die jeweiligen Partner daraus ergeben, dass sie im Rahmen des virtuellen Unternehmens ihre Leistungen in einem Marktsegment und -umfang anbieten, das sie allein zu erschließen aufgrund ihrer jeweiligen Spezialisierung nicht in der Lage wären.

- Das Rationalisierungspotential, das sich dadurch ergibt, dass die einzelnen Partner sich nicht nur auf ihre jeweiligen Kernkompetenzen konzentrieren, sondern einzelne für eine Unternehmensführung notwendige Leistungen im Zuge der spezifizierten Arbeitsteilung unter den Partnern gar nicht mehr von jedem einzelnen Partner, sondern von einem einzigen Partner für das gesamte virtuelle Unternehmen erbracht werden – so genannte Shared Services.

- Die relativ größere Marktmacht des virtuellen Unternehmens im Vergleich zur Marktposition der einzelnen Partner, die bessere Konditionen sowohl bei der Vermarktung der jeweiligen Leistung als auch bei der Beschaffung erwarten lassen.

Als Nachteile bzw. Probleme virtueller Unternehmen hingegen zählen (vgl. Lange 2001, RdNr. 30 f. und Hofmann 2002):
- Die Komplexität, die sich aus der Heterogenität der Partner, der relativen Intransparenz des virtuellen Unternehmens und der Eigendynamik von Prozessen der Selbstorganisation ergibt und die organisatorische Vernetzung innerhalb eines virtuellen Unternehmens erschwert.
- Die meist mangelhafte bis fehlende materielle und soziale Planungssicherheit, die ein virtuelles Unternehmen den jeweils beteiligten Partnern über das jeweilige Projekt hinaus bietet und deshalb zu einem Konflikt zwischen der wirtschaftlich-rechtlichen Unabhängigkeit der einzelnen Partner – ihrer Selbstsorge – und ihrer gemeinsamen Verantwortung für das Gelingen des anstehenden Projektes führen kann.
- Der bewusste Verzicht auf bzw. die Verhinderung von Mehrfachqualifikationen, der bzw. die sich fast zwangsläufig aus der effizienten Konzentration auf eine Arbeitsteilung entsprechend der jeweiligen Kernkompetenzen ergibt, damit aber oftmals die erwarteten Synergieeffekte behindert, die Konkurrenz um „Expertenwissen" innerhalb des virtuellen Unternehmens befördert und damit die Frage der faktischen Führerschaft innerhalb des Projektes für jede Phase neu stellt.
- Die Abhängigkeit, die sich bei einer konsequenten Arbeitsteilung innerhalb eines virtuellen Unternehmens für den einzelnen Partner ergibt, dass bestimmte Tätigkeiten und Aufgaben – wie die Kalkulation und die Akquisition – nur in konstanten Strukturen auf andere übertragen werden können, weil sie integraler Bestandteil des allgemeinen Geschäftsbetriebs und damit der wirtschaftliche Selbständigkeit sind.
- Die Probleme eines angemessenen und dennoch effizienten Controllings bzw. Kostenwesens, das die Bedürfnisse des virtuellen Unternehmens als Verbundprojekt einerseits und der jeweils beteiligten Partner als autonome und gewinnorientierte Wirtschaftseinheiten andererseits gleichermaßen berücksichtigt.
- Die Fragen der projekt- bzw. partnerbezogenen Ergebnisverteilung und der Risikoverteilung und Haftungsfragen.
- Probleme der Stabilität und Flexibilität des virtuellen Unternehmens bei Partnerwechseln.

Schon die Gegenüberstellung möglicher Vor- und Nachteile virtueller Unternehmen zeigt, dass die Tragfähigkeit und Belastbarkeit dieser Unternehmen wesentlich von der konkreten Ausgestaltung und damit dem Selbstverständnis und dem „Miteinander-Können" der beteiligten Partner geprägt wird. Bevor nun aber die Erfolgsfaktoren virtueller Unternehmen näher betrachtet werden, sollen in einer Trendanalyse deren Entwicklungsbedingungen aufgezeigt werden.

3 Die Entwicklungsbedingungen virtueller Unternehmen – eine Trendanalyse

Auf Basis einer Literatur- und Dokumentenanalyse zum Thema Arbeits- und Unternehmensgestaltung wurde eine Trendanalyse erstellt, die relevante technologische, gesellschaftliche und wirtschaftliche Entwicklungen für virtuelle Unternehmen darstellt. Neben der Auswertung und Präzisierung in einem Trendbericht wurden Faktoren analysiert, die auf die Entwicklung von virtuellen Unternehmen förderlich und/oder hemmend wirken.

Langfristige technologische Trends, die die Entwicklung virtueller Unternehmen forcieren sind u. a. die stete Miniaturisierung der technischen Systeme und die immer stärkere Vernetzung durch IuK-Technologien. Treibende Momente der gesellschaftlichen und wirtschaftlichen Entwicklungen sind die Flexibilisierung der Arbeits- und Organisationsformen, die abnehmende Bedeutung des Normalarbeitsverhältnisses, die Verflachung der Hierarchien und die stärkere Eigenverantwortung der Beschäftigten.

3.1 Das technologische Umfeld

IuK-Technologien werden immer leistungsfähiger und verbreiten sich aufgrund sinkender Anschaffungskosten weltweit sehr schnell.[3] So kommt es, dass der Kunde mit Informationsquellen wie dem Internet nicht mehr in gewohnter Weise auf Marketing- und Vertriebskonzepte anspricht. Bei dieser Vernetzung und Globalisierung stoßen traditionelle Unternehmen an ihre Grenzen; die Übertragung von Organisationskonzepten auf die neuen Anforderungen der Internet-Ökonomie verläuft zumeist nicht reibungslos.

Für Unternehmen bedeutet dies, den neuen Anforderungen mit einer dynamischen und flexiblen Organisationslösung entgegen zu treten, beispielsweise als virtuelles Unternehmen. Virtuelle Unternehmen sind eine Konsequenz aus den wirtschaftlichen Veränderungen unserer Zeit, in der technische Rationalisierungspotentiale weitgehend ausgeschöpft werden. Dieser Trend wird forciert durch die rasante Weiterentwicklung der IuK-Technologien. (Gertz, o.J.)

Moderne IuK-Technologien haben weltweit zu einem grundlegenden und tief greifenden Strukturwandel in Gesellschaft, Wirtschaft, Wissenschaft und Politik geführt. Vor allem internetbasierte Technologien und digitalisierte Informationen im Internet sind zu einem wichtigen Faktor geworden, der alle Bereiche unseres Lebens immer mehr durchdringt. Diese Entwicklung verdeutlicht beispielsweise die rasante Entwicklung des Internet: Laut einer aktuellen Studie der Arbeitsgemeinschaft Online Forschung haben inzwischen 57, 8 % der Deut-

---

[3] Das Moor'sche Gesetz, demzufolge sich die Rechenleistung alle 18 Monate verdoppelt, bestätigt sich nach wie vor.

schen einen Internetzugang (das sind 37,51 Millionen deutsche User). Der Studie nach nutzen nach wie vor mehr Männer das Internet als Frauen (Männer 55,7 %, Frauen 44,3 %); in den jüngeren Altersklassen bis 39 Jahre hingegen sind beide Geschlechter nahezu gleich stark vertreten.

Stärkste Altersgruppe bei den männlichen Internetnutzern sind die 30- bis 39-Jährigen mit 23,5 %, gefolgt von den 40-bis 49-Jährigen mit 21,2 % und den 20- bis 29-Jährigen mit 19 %. Zu den häufigsten Aktivitäten im Internet zählen:

- die E-Mail-Kommunikation (85,6 %),
- die Informationsrecherche (84,5 %),
- die Nachrichtenrecherche zum aktuellen Weltgeschehen (62,8 %),
- das Online-Shopping (56,9 %).

Außerdem informieren sich immer mehr Menschen vor dem Kauf im Internet über Produkte: So gaben fast 96 % der befragten Internetnutzer an, kaufvorbereitende Informationen über das Internet zu beziehen. Drei Viertel der Internetnutzer kaufen auch online ein. (vgl. Berichtsband 2006)

Im internationalen Vergleich konnte Deutschland seine Position bei der Internetnutzung zwar nicht verbessern, liegt aber hinter den skandinavischen Ländern, den USA und Großbritannien immerhin auf Platz sieben. Der Abstand zu Nationen wie der Schweiz und Japan ist größer geworden (BITKOM, 2005).

Untersuchungen des Statistischen Bundesamtes zeigen außerdem, dass der wirtschaftliche Einsatz des Internet und von IuK-Technologien im täglichen Geschäftsablauf von deutschen Unternehmen stark größen- und branchenabhängig ist. Im Jahr 2005 nutzten 84 % der Unternehmen in Deutschland moderne IuK-Technologien, 78 % verfügten über einen Internetzugang und 59 % über eine eigene Webseite. Wobei das Internet auf sehr unterschiedliche Art und Wiese von den deutschen Unternehmen genutzt wird (Informationstechnologie 2005):

- 74 % nutzten das Online-Banking,
- 38 % die Online-Angebote der Verwaltung,
- nur 20 % setzten das Internet zur Aus- und Weiterbildung ein und nutzen damit die vielfältigen E-Learning-Angebote.

Auch der Einsatz von Netzwerken in Unternehmen hat in den letzten Jahren kontinuierlich zugenommen (vgl. Abbildung 3-1). Am häufigsten ist bei den Unternehmen LAN (Local Area Network) verbreitet. Zwei Drittel der Unternehmen nutzten 2005 das lokale Netzwerk, 15 % aller Unternehmen vernetzten ihre Computer drahtlos (WLAN), ein Intranet hatte jedes vierte Unternehmen und etwa 14 % der Unternehmen waren mit IT-Systemen z. B. per Extranet vernetzt. (Informationstechnologie 2006, S. 28 f.)

Abbildung 3-1: Einsatz von Informationstechnologien in Unternehmen[4] **2003 – 2005**

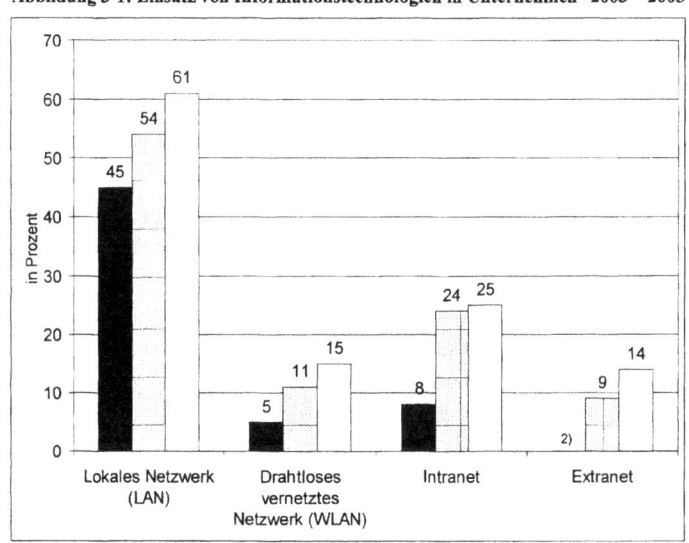

Quelle: Statistisches Bundesamt (Hrsg.) (2006):
Informationstechnologie in Unternehmen und Haushalten 2005.[5]

Die stark gesunkenen Preise und die zunehmend schnellen Bandbreiten der DSL[6]-Anschlüsse haben dazu geführt, dass die Verbreitung und Nutzung rasant zugenommen haben. Nach Berechnungen des Bundesverbandes Informationswirtschaft, Telekommunikation und neue Medien (BITKOM) boomt der DSL-Markt in Deutschland: Im Jahr 2005 verfügte jeder vierte deutsche Haushalt über einen schnellen Internetanschluss per DSL-Zugang, ca. 50 % mehr als im Vorjahr. Für dieses Jahr schätzt BITKOM ein Wachstum von 30 %, was bedeutet, dass Ende 2006 13 Millionen DSL-Zugänge frei geschaltet sein werden (vgl. Abbildung 3-2) (BITKOM 2006).

---

[4] 1) Nur für Unternehmen, die einen Computer im Geschäftsverlauf einsetzten.
[5] 2) Für 2003 liegen keine Vergleichsdaten vor.
[6] DSL = Digital Subscriber Line.

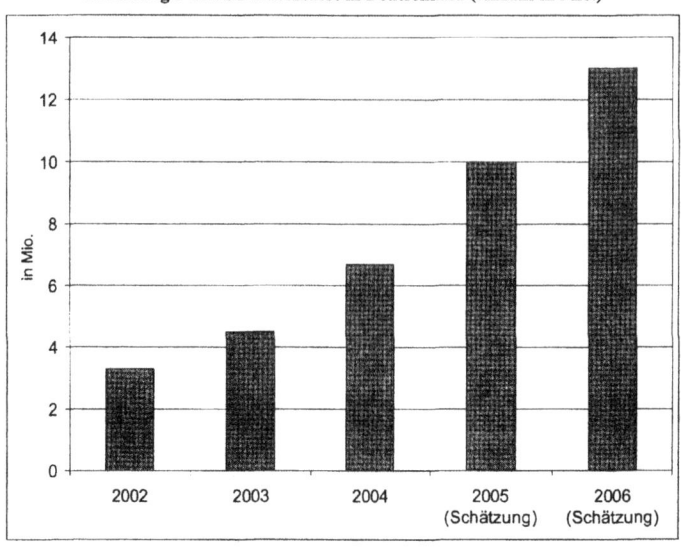

Abbildung 3-2: DSL-Anschlüsse in Deutschland (Anzahl in Mio.)

Quelle: BITKOM, 2005.

Die Technologie des Breitbandinternets bietet auch für Unternehmen ganz neue Perspektiven, innovative Anwendungsbereiche und Möglichkeiten, Personal flexibel und effizient zu managen. Unternehmen, Beschäftigte und Selbständige können von den neuen Technologien des Breitbandinternet profitieren: Das Arbeiten von zu Hause ist technisch kaum noch ein Problem. So kann qualifiziertes Personal dem Unternehmen z. B. auch nach der Elternzeit erhalten bleiben. Die Technologie ermöglicht den Unternehmen auch, bei Bedarf zusätzliche (freie) Mitarbeiter einzusetzen. Einige Unternehmen nutzen auch so genannte Telecenter: Wohnnahe Büroeinheiten, die die Pendelzeit der Mitarbeiterinnen und Mitarbeiter reduzieren und dabei die soziale Einbindung erhalten (Breitbandinitiative, 2006).

Studien im Auftrag des Bundeswirtschaftsministeriums (MICUS 2006; WIK 2006) zeigen, dass Deutschland hinsichtlich der Nutzung von Breitbandtechnologie erst am Anfang seines Wachstums steht, während andere europäische Länder wie Belgien, die Niederlande oder Schweden bereits ein hohes Entwicklungsstadium erreicht haben. Die führenden asiatischen Nationen, vor allem Südkorea, befinden sich hingegen bereits in der Sättigungsphase. Darauf lassen sich die in diesen Ländern zu verzeichnenden geringen Wachstumsraten zurückführen, da hier bereits ein vergleichsweise hoher Anteil der Bevölkerung über einen Breitbandanschluss verfügt. So teilen sich in Südkorea rein rechnerisch nur rund je 3,9 Personen einen Breitbandanschluss und in Belgien je 5,4 Personen. In den USA kommen dagegen 6,9 Personen auf einen Anschluss und

Deutschland liegt bei etwa 9,8 Personen pro Breitbandinternetzugang (vgl. MICUS: 2006, S. 18 f.).

Um politische, rechtliche und gesellschaftliche Rahmenbedingungen für eine höhere Akzeptanz und Verbreitung von leistungsfähigen Datenverbindungen zu schaffen, haben Vertreter aus Wirtschaft, Politik und Verwaltung im Jahr 2002 die deutsche Breitbandinitiative ins Leben gerufen. Ziel der Initiative ist es, das vor dem Jahr 2010 mindestens jeder zweite private Haushalt über einen Breitbandzugang verfügt. Auch soll sich der Einsatz von Breitbandtechnologien in der öffentlichen Verwaltung und in kleinen und mittleren Unternehmen signifikant erhöhen.[7]

Für Unternehmen wird durch die rasante technologische Entwicklung eine immer präzisere Auftragsabwicklung ermöglicht. Gleichzeitig steigert sie den Wettbewerbsdruck enorm, da durch die verbesserte Technik ein Marktvorsprung und somit ein Wettbewerbsvorteil erzielt werden kann. Der Ausbau von Vertrieb und Handel sowie die Konzipierung eigener Handelsmarken im Gegensatz zu Markenartikeln haben sich in den letzten Jahren zum Erfolgskonzept moderner Konzerne entwickelt. Als ausgesprochen gewinnversprechend zeichnen sich Fachmärkte mittlerer Größe aus, die sich zu „Spezialisten" mit einem klaren Zielgruppenfokus herausbilden und ein Monopol für ausgewählte Handelsbranchen bilden.

Um sich auf dem Markt behaupten zu können, bilden kleine Unternehmen Kooperationen. Die Zusammenarbeit muss dabei einen Erfolg für einzelne Unternehmen garantieren und wird durch moderne IuK-Technologien erleichtert. Auch das Händler-Kundenverhältnis hat sich grundlegend geändert. Nicht der Handel weckt mehr das Bedürfnis für ein Produkt, sondern Produkte werden nach Wunsch des Kunden konzipiert. Das Design und die Produktion müssen dabei so gut wie möglich auf Kundenbedürfnisse abgestimmt werden.

Gleichzeitig wächst die Technikakzeptanz der deutschen Bevölkerung: Nach einer repräsentativen Studie ist die deutsche Bevölkerung sehr aufgeschlossen gegenüber der Informationstechnik und sonstigen technischen Innovationen: Fast drei Viertel aller Bundesbürger (73 %) befürworten ein größeres Engagement Deutschlands im Bereich der Energietechnik, in der Medizintechnik sogar 83 %. Bei der Elektronik/ Mikroelektronik fordern über 60 % ein verstärktes Engagement der Bundesrepublik und im Bereich der Informationstechnik/ Multimedia 58 %. Fast zwei Drittel stufen die Möglichkeit, auch von zu Hause aus über einen vernetzten heimischen Computer zu arbeiten, als sehr interessant ein. (vgl. Abbildung 3-3; VDE-Studie Technikakzeptanz 2005).

---

[7] Weitere Informationen unter www.breitbandinitiative.de.

Abbildung 3-3: Gewünschte Anwendungen/ Einsatzgebiete der Informationstechnik

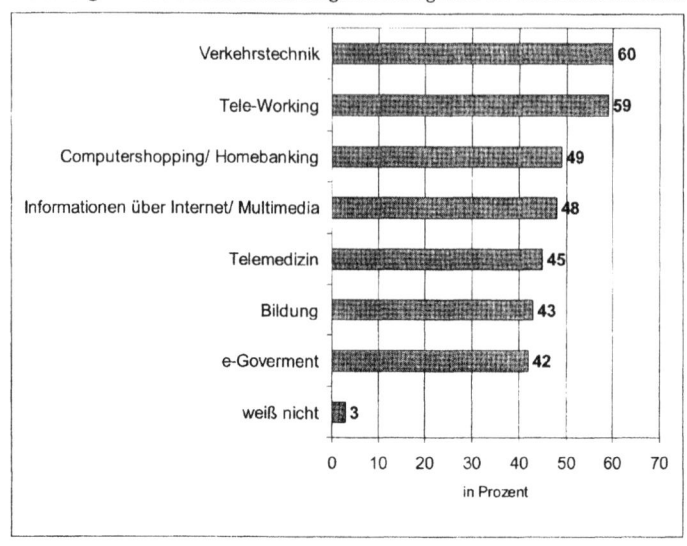

Quelle: VDE-Studie Technikakzeptanz 2005. Repräsentativbefragung.

3.2 Das gesellschaftliche und wirtschaftliche Umfeld

Die letzten Jahrzehnte sind von vielfältigen Veränderungen der wirtschaftlichen und sozialen Rahmenbedingungen gekennzeichnet. Der sich vollziehende Wandel betrifft sowohl die Märkte als auch die soziodemografische Struktur sowie die gesellschaftlichen Wertorientierungen. Diese Veränderungen sind geprägt durch die fortschreitende Individualisierung, die Pluralisierung der Lebensstile und die freie Wahl der Lebensformen, den Strukturwandel in der Demographie, die Auflösung traditioneller Lebenszusammenhänge sowie die Veränderungen in Arbeitswelt und Freizeit. Alle diese fortschreitenden mittel- bis langfristigen Trends bedeuten eine enorme soziale Verunsicherung und kritische Lebensereignisse für viele Menschen.

Im Zuge dieser Entwicklungen wünschen sich viele Beschäftigte, Arbeit und Leben besser miteinander vereinen zu können. Neben dem demografischen Wandel und der zunehmenden Erwerbstätigkeit von Frauen sind hier vor allem die hohen Ansprüche an individuelle Gestaltbarkeit der eigenen Biografie zu nennen. Schon heute sind viele Berufsbiografien durch Wechsel geprägt: Wechsel zwischen Arbeiten und Lernen, zwischen selbstständiger und abhängiger Arbeit, zwischen Arbeit und Familie und verschiedenen Orten.

Die Grenzen zwischen Arbeitszeit und Freizeit verschwimmen immer mehr. Die Arbeit bestimmt die Lebensverhältnisse generell. Themen wie Life-Work-Balance, Empowerment und Diversity werden zunehmend diskutiert. Die Mitarbeiterzufriedenheit wird mit zur Haupttriebkraft bei guter Auftragsabwicklung.

Durch starke Individualisierung erwächst die Problematik der Koordination und des Abgleichs unterschiedlicher Positionen und Bedürfnisse, um gemeinsame Zielsetzungen erreichen zu können.

Die Arbeitswelt spricht vom „Arbeitskraftunternehmer" (Typisch Arbeitskraftunternehmer 2004)[8], der eigenverantwortlich agiert. In der Familienforschung ist man jedoch zu der Annahme gelangt, dass Familie trotz Trend zum Single-Haushalt als sozialer Verbund nicht an Bedeutung verloren hat und in ihrer Kombinationsvielfalt zugenommen habe sowie neue Lebensstile und Lebensformen entstehen (z. B. Patchworkfamilien, Eltern-Kind-Gemeinschaften mit ledigen Kindern, Paare ohne Kindern).[9]

Im Zuge dieser wirtschaftlichen und sozialen Veränderungen lösen sich auch alte Arbeitsstrukturen auf. So hat die Teilzeitbeschäftigung in den letzten Jahren gegenüber abhängiger Vollzeittätigkeit an Bedeutung gewonnen. Laut des Statistischen Bundesamtes gaben im Frühjahr 2004 7,2 Mio. abhängig Beschäftigte in Deutschland ihre Tätigkeit als Teilzeitbeschäftigung an, doppelt so viele wie im Jahr 1991. Damit stieg die Teilzeitquote der abhängig Beschäftigten gegenüber 1991 um neun Prozentpunkte auf gut 23 %. Die Zahl der abhängig Vollzeitbeschäftigten fiel im gleichen Zeitraum um 17 Prozentpunkte. Die klassische Regelarbeitszeit hat stark abgenommen, wohingegen die Arbeitszeiten, die an üblicherweise freien Tagen außerhalb der gängigen Büroarbeitszeiten oder in zeitlich wechselnden Schichten anfallen, also Wochenend-, Nacht- und Schichtarbeit, zugenommen haben (Statistisches Bundesamt 2005).

Die Ergebnisse des vom Bundesministerium für Familie, Senioren, Frauen und Jugend geförderten Gendermonitors „Existenzgründungen 2004" zeigen, dass sich auch das Gründungsgeschehen von Vollzeit- zur Teilzeitselbständigkeit wandelt. Die berufliche Selbstständigkeit wird zunehmend mit der Haus- und Erwerbsarbeit kombiniert, wohingegen sie als Haupterwerb anhaltend rückläufige Tendenzen aufweist. Unabhängig vom Wirtschaftszweig hat diese Entwicklung schon heute mehr als die Hälfte der Gründungen erfasst, mit steigender Tendenz für die nächsten Jahre. Während Vollzeitgründungen ohne Beschäftigte überwiegend durch Männer erfolgten (ca. 70 %), entfielen 62 % der Teilzeitgründungen ohne Beschäftigte auf Frauen. Für diese Form der Selbstständigkeit entscheiden sich fast die Hälfte der Frauen, um Familie und Beruf besser vereinbaren zu können (Statistisches Bundesamt 2005).

---

[8] Voss, Pongratz: Der Arbeitskraftunternehmer: Der moderne Arbeitnehmer/die Arbeitnehmerin muss selbstorganisierter, eigenverantwortlicher und selbstkontrollierter arbeiten. Äußere Stabilität von Seiten des Staates aber auch des Arbeitgebers werden zunehmend abgebaut oder zurückgefahren. (Stichwort: Flexicurity).

[9] Die von Ulrich Beck (1986) in „Risikogesellschaft" befürchtete „Single-Gesellschaft" hat sich zwar in dieser drastischen Form nicht bewahrheitet. Dennoch lässt sich eine Individualisierung von Lebensläufen als signifikant für aktuelle Lifestyletendenzen feststellen.

Aus der Unternehmensverantwortung ist Individualverantwortung geworden: Der Einzelne wird für seinen Gelderwerb zunehmend allein verpflichtet. Sicherheiten für Beschäftigte werden abgebaut, da Unternehmen fürchten, nicht flexibel auf Marktanforderungen reagieren zu können. Individuen entwickeln sich immer mehr zu „Alleinkämpfern" und spezialisieren sich. Dadurch entsteht die Schwierigkeit, den hohen Marktanforderungen allein genügen zu können. Durch die Flexibilitätsanforderung werden die Beschäftigten auch aus sozialen Netzwerken herausgerissen.

Als besondere Herausforderung für Gesellschaft, Politik und Wirtschaft erweist sich neben dem langfristigen Bevölkerungsrückgang in Deutschland die zunehmende Alterung der Bevölkerung, die die sozialen Sicherungssysteme in Schwierigkeiten bringt und langfristige Anpassungsstrategien verlangt. Altern der Bevölkerung bedeutet, dass sich die Zusammensetzung der Bevölkerung immer mehr in Richtung älterer Menschen verschiebt. Entscheidend ist also nicht die wachsende Zahl älterer Menschen, sondern der wachsende Anteil älterer Menschen an der Bevölkerung. Wie neueste Modellrechnungen zur Bevölkerungsentwicklung zeigen, wird der Anteil der 65-Jährigen und älteren von heute 17,1 % auf 29,6 % im Jahre 2050 steigen, zugleich wird sich der Anteil der Hochbetagten (80 Jahre und älter) auf etwa 12 % erhöhen und damit mehr als verdreifachen (Statistisches Bundesamt 2003).

Vor dem Hintergrund der demographischen Entwicklung wird davon ausgegangen, dass es zu einer Zunahme des Anteils der älteren Beschäftigten kommen wird. Die deutschen Unternehmen werden in den nächsten 15 Jahren die Wahl zwischen Arbeitskräftemangel oder stärkerer Beschäftigung von Arbeitnehmern zwischen 50 und 65 Jahren haben. Da diese Tatsache aber noch nicht im Bewusstsein der Unternehmen angekommen und verankert ist, zeigen die Befragungsergebnisse des Bundesinstituts für Berufsbildung (BIBB 2005): Nur jedes dritte befragte Unternehmen fühlt sich vom Altern der Belegschaft betroffen. Unterschiede zeigen sich bei der Größe der Unternehmen: So glauben große und mittelgroße Unternehmen zu etwa 40 %, vom Altern der Belegschaften tangiert zu werden, bei den Klein- und Kleinstbetrieben sind es lediglich 20 %. Die Unternehmen in den neuen Bundesländern sehen sich von der demographischen Entwicklung mit ca. 41 % stärker berührt als die Betriebe in den alten Bundesländern – mit etwa 29 %.

Durch die Bildungsexpansion haben in der Bevölkerung Schichtverschiebungen stattgefunden. Ehemalige Arbeiter sind in der modernen Dienstleistungsgesellschaft zu Angestellten geworden und haben an Bildung, kulturellem und ökonomischem Kapital hinzugewonnen. In Deutschland wird die Bildung, gerade im internationalen Vergleich, als problematisch eingestuft. Spätestens seit dem schlechten Abschneiden bei PISA werden Qualitätsstandards beim deutschen Bildungssystem bemängelt. Aufgrund massiver finanzieller Engpässe werden gerade in sozialen und kulturellen Bereichen Kosten eingespart (vgl. Centrum für angewandte Politikforschung 2002).

In den letzten 50 Jahren hat sich die Struktur der deutschen Wirtschaft grundlegend gewandelt. Einen hohen Zuwachs hat die Dienstleistungsbranche zu verzeichnen. So arbeiten heute mehr Menschen als je zuvor im Dienstleistungsbereich: 72 % aller Erwerbstätigen produzieren keine Waren, sondern sie handeln und transportieren, reparieren und sanieren, vermitteln und organisieren, helfen und heilen, unterhalten und kommunizieren. Im Jahr 1950 war es etwa ein Drittel aller Berufstätigen (32 %), die Dienstleistungsjobs ausübten. Die Rohstoff- und Montanindustrie hat stark an Bedeutung verloren. Der Abbau der Schwer- und Rohstoffindustrie ist mit einem Ausbau des wirtschaftlichen Dienstleistungsmarktes einhergegangen. Teilsegmente großer Firmenstrukturen werden ausgelagert zu eigenständigen Subunternehmen, um die Effizienz zu erhöhen (Outsourcing). Aufgrund der immer einfacheren Transportbedingungen und Lohneinsparungen, gehen große Unternehmen dazu über, ihre Produktion ins Ausland zu verlagern. Heute arbeitet nur noch ein Viertel in der gewerblichen Produktion (also in Industrie und Bauwirtschaft), 1950 waren es noch 43 %. Noch dramatischer hat sich der Anteil der Beschäftigten in der Landwirtschaft verringert, nämlich von 25 auf zwei Prozent (Globus Infografik 0270).

Diese Entwicklungen bestätigen auch die „Volkswirtschaftlichen Gesamtrechnungen" des Statistischen Bundesamtes 2004. Demnach produzieren rund 39 Millionen Männer und Frauen in Deutschland Güter und Dienste im Wert von zwei Billionen Euro pro Jahr. Die meisten Personen arbeiten im Dienstleistungsgewerbe: 11,6 Millionen Beschäftigte für öffentliche und private Dienstleister, 9,8 Millionen in den „klassischen" Dienstleistungssektoren Handel, Gastgewerbe und Verkehr sowie 6,3 Millionen in den Sektoren Finanzierung, Vermietung, Unternehmensdienstleister. Das heißt: Deutschland hat sich zu einem Land von Dienstleistern entwickelt. (Globus Infografik 0246).

Arbeitsmarktexperten sehen die Zukunft der deutschen Wirtschaft in Produkten mit hohem Forschungs- und Entwicklungsaufwand, unternehmensbezogenen Dienstleistungen und einer weiter zunehmenden internationalen Arbeitsteilung. Bis zum Jahr 2020 werden einer Untersuchung des Instituts für Arbeitsmarkt- und Berufsforschung zufolge über zwei Millionen neue Arbeitsplätze bei unternehmensbezogenen Dienstleistern entstehen. Dazu zählen beispielsweise Jobs im Bereich Software und Computer oder im Bereich Unternehmensberatung. Weiter schrumpfen werden Landwirtschaft, Bergbau und Industrie. In der Dienstleistungsbranche wird sich die Aufgabenteilung zwischen (halb)öffentlichen und privaten Anbietern zugunsten der privaten verschieben, so beispielsweise im Gesundheitswesen, in Bildung und Wissenschaft und bei kulturellen Dienstleistungen (vgl. Abbildung 3-4):

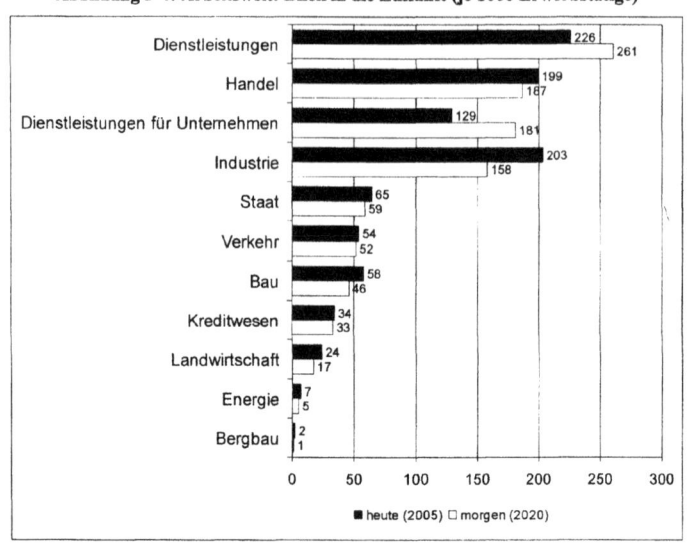

Abbildung 3-4: Arbeitswelt: Blick in die Zukunft (je 1000 Erwerbstätige)

Quelle: IAB, 2005.

Durch den zunehmenden Einsatz von IuK-Technologien wachsen internationale Staaten im „Global village" per Internet zusammen: Scheinbar grenzen- und distanzlos überwindet moderne Kommunikation in kürzester Zeit räumliche Barrieren. Durch E-Mail- und Telefonverbindungen kann ein direkter Austausch von Informationen in alle Welt erfolgen, per Webcam finden z. B. Konferenzen mit Sichtkontakt über Telefon- oder Computerverbindungen statt. Diese Entwicklung eröffnet mehr Möglichkeiten der Zusammenarbeit, bringt aber auch neue Probleme mit sich: In dem Maße, wie neue Strukturen gebildet werden, verlieren alte an Bedeutung. So droht für einzelne nationale Wirtschaftssysteme der Weltmarkt ein nicht zu überbietender Konkurrent zu werden (vgl. Deutschland-TrendBuch 2001; vgl. Trapp 2001).

Die immer stärkere digitale Vernetzung impliziert einerseits Bündelung und Akkumulation von Wissen.[10] Die Bedeutung von Wissen als Vorteil für einzelne Unternehmen verstärkt und verschärft damit den Wettbewerb. Andererseits machen Vernetzung und Infrastruktur virtuelle Unternehmenskooperationen erst möglich: Die Virtualisierungsidee konnte erst durch die schnellere Übertragung, aber auch durch mehr Kapazität, bessere Vernetzung und bessere Software zur Überwindung von Systembarrieren und räumlichen Distanzen entwickelt und umgesetzt werden.

---

[10] Die moderne Soziologie (Beck, Heidenreich oder Luhmann, u.a.) spricht von der „Wissenschaftsgesellschaft" (Kreibich 1986) oder der Wissensgesellschaft". Robert Lane (1966) hat den Begriff geprägt (laut Heidenreich).

Auf den Produkt- und Dienstleistungsmärkten ist ein Wandel von Anbieter- zu Verbrauchermärkten zu verzeichnen. Die durch das Internet entstandene Markttransparenz macht Produkte vergleichbar, Leistungs- und Kostenunterschiede werden ohne nennenswerten Aufwand transparent. Der Wettbewerb beschränkt sich zudem nicht mehr auf einzelne Regionen. Die so verstärkte weltweite Konkurrenz erhöht den wirtschaftlichen Druck auf die Unternehmen. Hier gilt es, dem Kunden individuelle, auf seine Bedürfnisse zugeschnittene Produkte und Dienstleistungen anzubieten. Tendenziell kürzer werdende Produktlebenszyklen zwingen zudem Unternehmen dazu, immer neue Produkte auf den Markt zu bringen. Der Zeitraum, in dem Marktpotentiale ausgeschöpft werden können, wird dementsprechend kürzer. Durch zunehmende Produkt- und Verfahrensinnovationen sind Schnelligkeit und Flexibilität in der Zukunft wichtige Erfolgsfaktoren.

4 Erfolgsfaktoren virtueller Unternehmen – die Hypothesen

> *„Das virtuelle Unternehmen lebt aus einer neuen Perspektive, die unseren untrainierten Augen sicher ungewohnt, manchmal unlogisch erscheint. Zweifellos wird die Wirtschaftsrevolution unser System erschüttern, unsere Sinne betäuben. Wir müssen unsere Sozialverträge neu schreiben, unsere Menschen immer besser ausbilden und lernen, fast unbegrenzt zu vertrauen."*

So benennen Davidow/ Melone (1993, S. 30) die Konsequenzen des Wechsels in der Wirtschafts- und Unternehmensorganisation hin zu virtuellen Produkten und virtuellen Unternehmen.

Für die Autoren ist die Haupttriebfeder für die „wirtschaftliche Revolution", die sich in der Herausbildung virtueller Produkte und damit in der Entstehung virtueller Unternehmen manifestiert, die „Angst vor wirtschaftlicher Vernichtung" infolge fehlender Rentabilität der klassischen Produkte und damit auch der klassischen Produktionssysteme (Davidow/ Malone 1993, S. 31). Denn diese lasse sich nicht durch weitere Rationalisierung im Sinne von Skaleneffekten durch weitere Automatisierung oder Entstofflichung der Produktion erreichen, sondern erfordere weitergehende Veränderungen, um den Ansprüchen an eine individualisierte und zeitnahe Leistungserstellung gerecht werden zu können:

> *„Am Ende steht das virtuelle Unternehmen nicht mehr als eigenständige Wirtschaftseinheit da, wie es heute noch die Regel ist, sondern wird sich im gemeinsamen Handeln mit seinen Partnern inmitten eines gewaltigen und sich ständig wandelnden Beziehungsgeflechtes bewegen."(Davidow/ Malone 1993, S. 16)*

Während aber Davidow/ Malone den Begriff „Virtuelle Unternehmen" als ein Synonym für die grundsätzlichen Herausforderungen an das Organisations- und Produktionssystem der Wirtschaft in den Industriestaaten im Übergang von der standardisierten Massenfertigung hin zu individualisierten Leistungsangeboten nach Kundenwünschen verwenden (vgl. Davidow/ Malone, Kap. 2 und Kap. 5), also auf strukturelle Veränderungen abstellen, befasst sich die vorliegende Studie mit einer spezifischen Gruppe von Unternehmen, wie sie in Kapitel 3 charakterisiert wurde. Dem liegen zwei zentrale Hypothesen zugrunde:

- Virtuelle Unternehmen im Sinne dieser Studie unterscheiden sich von „herkömmlichen" Unternehmen hinsichtlich ihrer Arbeits- und Unternehmensorganisation, was insbesondere in der Form ihrer rechtlichen Verankerung, in der Regelung der Geschäftsbeziehungen zwischen den Partnern und der Organisation von Zuständigkeiten, Verantwortlichkeiten und der Projektkoordination deutlich wird.

- Diese Unterschiede schaffen Gestaltungspotentiale, die es ermöglichen beide Ansprüche, „menschengerecht" und „leistungsfähig", neu bzw. anders zueinander in Beziehung zu setzen und zu verwirklichen.

Diese Hypothesen sollen im Folgenden genauer erläutert und anschließend mit den Ergebnissen der Recherchen, der durchgeführten Leitfaden-Interviews und der Fallstudien abgeglichen werden.

Im Zentrum der Studie stehen – wenn es um eine menschengerechte Arbeits- und Unternehmensorganisation geht – die beteiligten Menschen, die Unternehmer, Selbständigen, Freiberufler und deren Mitarbeiter in den als Partner am virtuellen Unternehmen beteiligten Unternehmen; geht es um die Leistungsfähigkeit dieser Arbeits- und Unternehmensorganisation, so verschiebt sich der Fokus hin zu den beteiligten Unternehmen selbst. Konstitutiv für ein virtuelles Unternehmen aber ist die Kooperation von mindestens zwei Unternehmen bzw. Unternehmern, so dass insgesamt drei Ebenen zu betrachten sind: Die Ebene der einzelnen Mitarbeiter im virtuellen Unternehmen, die der beteiligten Unternehmen und die des virtuellen Unternehmens als ganzes.

Von zentraler Bedeutung erweist sich dabei ein systematischer Wechsel der Perspektive weg von einer funktionsorientierten Zusammenarbeit, wie sie vor allem innerhalb von Unternehmen betrieben wird, hin zu einer aufgabenorientierten Kooperation, die – mittlerweile auch innerhalb von Unternehmen zu finden – einer gemeinsamen Leistungserstellung wirtschaftlich autonomer Wirtschaftseinheiten eigen sein sollte. Dies wiederum schlägt sich unmittelbar in der Organisationsstruktur und den Transaktionskosten nieder.

4.1 Die Unternehmensorganisation in virtuellen Unternehmen

Virtuelle Unternehmen sind das Ergebnis einer Zusammenarbeit von Unternehmen bzw. Unternehmern, die sich zu dieser Art der kooperativen Leistungserstellung zusammenfinden oder zusammengetan haben. Es existiert also ein Pool selbständiger Unternehmen bzw. Unternehmer, die ihr längerfristiges Interesse an bzw. ihre Bereitschaft zu einer „wie auch immer gearteten Zusammenarbeit" erklären, aus dem dann – nach einem Baukastenprinzip – das virtuelle Unternehmen projekt- und produktbezogen zusammengesetzt wird (Lange 2001, RdNr. 56).

Grundsätzlich lässt sich die Zusammenarbeit ansonsten selbständiger Partner auf der Grundlage der oben aufgeführten Kriterien in drei Formen realisieren:

- Als planvoll und auf Dauer angelegte, zumeist auch formal geregelte Zusammenarbeit einer im Wesentlichen festen Gruppe von Unternehmern in einem klar umrissenen Geschäftsfeld zu im vorhinein geklärten Bedingungen,

- als Kooperationsverbund, in dem ein zentraler Akteur für ein Netzwerk von Unternehmen zentral die Aufträge akquiriert, die Leistungserstellung durch Netzwerkpartner organisiert und koordiniert, und den Verbund nach außen vertritt und

- als Kooperation in Form zeitlich begrenzter Unternehmenspartnerschaften, in der ein Unternehmen gegenüber dem Kunden als zentraler, zumeist sogar einziger Ansprechpartner auftritt und speziell für das abzuwickelnde Projekt Teil- oder Unteraufträge an andere, zuweilen auch bis dato ihm noch nicht bekannte Unternehmen weitergibt, um dem Kunden gegenüber die Gesamtleistung zu erbringen.

Während der erste Fall eines im Wesentlichen statischen Verbundes der klassischen Form von Netzwerken entspricht, charakterisiert der dritte Fall virtuelle Unternehmen als einen dynamischen Verbund, der die Eigenständigkeit der dann an der Abwicklung eines Projektes Beteiligten besonders betont und die von Projekt zu Projekt unterschiedliche Zusammensetzung der jeweiligen Partner und ihrer jeweiligen Rollen innerhalb des Gesamtprojektes herausstellt; hier muss im Einzelfall geprüft werden, ob es sich um eine spontane Zweckgemeinschaft, oder das Ergebnis einer systematischen Unternehmensstrategie der beteiligten Partner handelt. Auch im zweiten Fall, einem Maklerverbund, lässt sich nur in einer Einzelfallbetrachtung klären bzw. für den Einzelfall bestimmen, ob es sich um ein virtuelles Unternehmen oder um ein klassisches Unternehmen mit dem Geschäftsgegenstand „Makeln" handelt.

Im Gegensatz zum dynamischen Verbund zeigt der Maklerverbund allerdings eine deutliche Konzentration der Organisation des virtuellen Unternehmens auf einen zentralen Akteur – den Akquisiteur bzw. „Makler" – und damit eine ihrem Wesen nach hierarchische, zumindest aber zentrierte Struktur auf, die sich auch im statischen Verbund herauskristallisieren kann – je nachdem, ob dieses Netzwerk als Kooperation gleichwertiger Partner oder als „Pool" für zentrale Akteure innerhalb dieses Netzwerkes begriffen und ausgestaltet wird.

Im Rahmen des Projektes stellt somit die formale Unternehmensstruktur eine erste, aber auch eine entscheidende Größe dar. Diese dokumentiert sich in

- der Rechtsform des virtuellen Unternehmens,
- der Art der Regelung der Geschäftsbeziehung zwischen den jeweiligen Partnern und
- der Organisation von Zuständigkeiten, Verantwortlichkeiten sowie der Projektkoordination.

So ist bei Kapitalgesellschaften in der Regel schon durch die Rechtsform die Rollenverteilung hinsichtlich der Entscheidungs-, Verfügungs- und Handlungsgewalt eindeutig geklärt, sind durch (formale) Verträge die Spielräume der beteiligten Partner bestimmt und durch die (auch von außen wahrnehmbare) Klärung von Zuständigkeiten Struktur und Ablauf eines Projektes für die beteiligten Partner wie auch die Kunden einsichtig. Doch gerade bei virtuellen Unternehmen ist eine derart einsichtige Struktur keineswegs vorauszusetzen.

4.2 Die Rechtsform

Sehr häufig stellen virtuelle Unternehmen rechtlich keine eigenständigen Wirtschaftseinheiten dar, sondern definieren sich „nur" über das gemeinsame Handeln der beteiligten Partner, die in einem sich wandelnden Beziehungsgeflecht stehen. Das führt dazu, dass die Außengrenzen des virtuellen Unternehmens, die Abgrenzung zu den durch das Projekt mit eingebundenen externen Lieferanten, Herstellern und Dienstleistungserbringern erschwert wird (Lange 2001, RdNr. 67). Hinzu kommt – was die rechtliche Behandlung von virtuellen Unternehmen betrifft – dass es sich nicht um eine Form von Gemeinschaftsunternehmen im Sinne eines von den Gründerunternehmen verselbständigten Unternehmens handelt, sondern selbst nur aus den an dem virtuellen Unternehmen beteiligten Unternehmen besteht (Lange 2001, RdNr. 94 f.).

Im Maklerverbund mit einer eindeutigen Arbeitsteilung, in dem zumindest der „Knoten" – der „Makler" – klar sichtbar für Außenstehende der (erste) zentrale Ansprechpartner und ggf. auch Vertragspartner ist, begründet in der Regel die Rechtsform eben dieses „Maklers" die Vertragssicherheit für das betreffende Projekt – sofern der „Makler" die Projektträgerschaft für das virtuelle Unternehmen übernimmt. Andernfalls gilt wie auch im statischen und dynamischen Verbund, dass die Vertragssicherheit abhängig ist von der Ausgestaltung der Regelung der Geschäftsbeziehung zwischen den Partnern innerhalb des virtuellen Unternehmens. Nur der Extremfall, dass unter juristischen Gesichtspunkten seitens des Auftraggebers mit jedem beteiligten Partnerunternehmen ein eigener Vertrag geschlossen werden müsste, bleibt außen vor, da es sich dann nicht mehr um eine kooperative Leistungserstellung im Sinne eines virtuellen Unternehmens handelt.

Dabei handelt es sich bei der zumeist fehlenden Rechtsform virtueller Unternehmen nicht nur um einen formalen Aspekt, sind davon doch unmittelbar Fragen der Entscheidungs-, Handlungs- und Verfügungsgewalt und damit – zumindest dem Kunden gegenüber – Haftungsfragen betroffen. In diesem Zusammenhang gewinnt eine bislang zumindest in Deutschland noch weitgehend ungebräuchliche Rechtsform an Aufmerksamkeit: Die EWIV – die Europäische wirtschaftliche Interessenvereinigung (englisch EEIG: European Economic Interest Grouping), auf die in Kap 6.5 eingegangen wird. Auch bei EWIVs muss aber im Einzelfall geprüft werden, ob sie die oben genannten Charakteristika aufweisen und damit virtuelle Unternehmen im Sinne dieser Studie darstellen, oder ob es sich um reine Interessenvereinigungen mit dem Ziel z. B. gemeinsamer Lobbyarbeit handelt.

Fehlt dem virtuellen Unternehmen aber eine eigene Rechtsform, gewinnt die Regelung der Geschäftsbeziehungen zwischen den Partnern zentrale Bedeutung.

4.3 Die Regelung der Geschäftsbeziehung zwischen den Partnern

Virtuelle Unternehmen im Sinne des Projektes zeichnen sich durch projektbezogene Kooperationen selbständiger Unternehmen aus, die diese Form gemeinsamer Leistungserstellung nicht nur als fallweise Zweckgemeinschaft verstehen, sondern systematisch als Unternehmens- bzw. Geschäftsmodell für sich entwickelt haben; in ihnen verbinden sich – im Gegensatz zu einem Gemeinschaftsunternehmen – die Selbständigkeit der Partner und die arbeitsteilige, einander ergänzende Leistungserstellung mit einer gemeinsamen Verpflichtung auf den Gesamterfolg des jeweiligen Projektes als Grundlage des Fortbestandes des virtuellen Unternehmens. Die Regelung der Geschäftsbeziehungen zwischen den Partnern beinhaltet somit zum einen die Frage nach der Koordination der einzelnen Aufgaben und Leistungen der Partner innerhalb des virtuellen Unternehmens wie auch die Frage nach einem zentralen Ansprechpartner innerhalb des virtuellen Unternehmens und den Kunden bzw. Auftraggebern gegenüber für alle mit den im jeweiligen Projekt beteiligten Partner zu klärenden Fragen und Verpflichtungen.

Wie in jedem Fall von (Geschäfts-)beziehungen lässt sich dies sowohl formalvertraglich als auch auf Basis wechselseitigen Vertrauens („per Handschlag") regeln. Im Gegensatz zu „normalen" Geschäftsbeziehungen – Unternehmen-Kunden- bzw. Lieferanten-Abnehmer-Beziehungen – ist aber zum einen die Zahl der im Rahmen eines virtuellen Unternehmens Beteiligten größer, zum anderen greifen die notwendigen Geschäftsbeziehung zwischen Unternehmen, die gegenüber einem Kunden ein spezifisches Angebot gemeinschaftlich zusammenstellen und erfüllen wollen, tiefer in die Dispositionsfreiheit der einzelnen beteiligten Partner ein; dies umso deutlicher, je mehr die Konstruktion des virtuellen Unternehmens auf Langfristigkeit angelegt ist.

Damit stellt sich aus wirtschaftlicher Sicht das Problem der Transaktionskosten, also derjenigen Kosten, die für die Bereitstellung, Nutzung, Aufrechterhaltung und ggf. Umorganisation des virtuellen Unternehmens anfallen. Deren Höhe ist umso niedriger, je größer das gegenseitige Vertrauen ist, je deutlicher wechselseitig die Eigentums-, insbesondere aber die Handlungs- und Verfügungsrechte der beteiligten Partner respektiert werden und je einheitlicher zwischen diesen die Vorstellung über faire und gerechte Lösungen im Konfliktfalle ausfällt (Richter 1994, S. 6 und S. 9). Dies wiederum kann sowohl über formale (rechtliche) Regelungen als auch durch die Herausbildung „sozialer Routinen" bewerkstelligt werden (Richter 1994, S. 9). Mit zunehmender Diskrepanz zwischen den Vorstellungen der an einem virtuellen Unternehmen beteiligten Partner bzgl. der Grundlagen bzw. der Regelung dieser Fragen fallen diese Kosten immer stärker ins Gewicht und können ggf. die Kostenvorteile einer informellen Kooperation überkompensieren. Da es sich um wirtschaftlich selbständig agierende Partner handelt, ist deshalb für die Erfolgsaussichten und die Überlebensfähigkeit des virtuellen Unternehmens die explizite Definition der Ziele dieser

Kooperation als ganzes und der einzelnen Beteiligten von zentraler Bedeutung; aber auch die Umsetzung der vereinbarten Strategien muss bei den einzelnen Beteiligten mental verwurzelt sein (vgl. Scholz 2000).

Als eine zentrale Bedingung für das Gelingen virtueller Unternehmen und als zentraler Schnittpunkt von Aspekten der Unternehmensorganisation und der Arbeitsgestaltung in virtuellen Unternehmen stellt sich somit „Vertrauen" im Sinne nicht-formalrechtlich geklärter wechselseitiger Erwartungssicherheit bzgl. einer gemeinschaftlichen Leistungserstellung dar. Denn das gemeinsame Arbeiten der jeweiligen Partner unter dem Dach eines geteilten Verständnisses von „Virtuellem Unternehmen" – oder euphorischer gesagt: einer gemeinsamen Vision – bedarf einer besonderen Art von Vertrauenskultur, die das dahinter stehende Netzwerk in Bezug auf das gemeinsame (wirtschaftliche) Ziel trägt, oder aber über dementsprechende verbindliche Vereinbarungen (Verträge) zwischen den jeweiligen Partnern institutionell erzeugt wird.

Je umfangreicher und je dynamischer ein virtuelles Unternehmen sich gestaltet, desto deutlicher bezieht Vertrauen dabei zwei unterschiedliche Dimensionen mit ein:

- Die Beteiligten – Kunden wie auch die Partner innerhalb des virtuellen Unternehmens – müssen intuitiv von der Tragfähigkeit auch informeller Absprachen und Vereinbarungen überzeugt sein, so dass auch nicht vertraglich geregelte Bestandteile der Auftrag-Leistungserbringung-Beziehung für alle Beteiligten als geregelt gelten.
- Die Partner innerhalb des virtuellen Unternehmens müssen voneinander wechselseitig erwarten können, die jeweiligen Leistungen kompetent und im Sinne des Gesamtprojektes wie auch des virtuellen Unternehmens durchzuführen.

Vertrauen beruht dabei auf zwei verschiedenen Grundlagen: Zum einen handelt es sich um die wechselseitige (persönlich-menschliche) Kenntnis, die es im virtuellen Unternehmen dann auf ein gemeinsames Geschäftsziel hin zu organisieren gilt. Zum zweiten – quasi als Gegenpol – geht es um das gemeinsame Geschäftsziel (zumeist als Kondensat eines geteilten Unternehmer- bzw. Unternehmensbildes) in Form gemeinsamer (wirtschaftlicher) Interessen, die dann in der Zusammenarbeit um persönliche und organisatorische Elemente bereichert werden müssen. Je bekannter die Partner in einem virtuellen Unternehmen einander sind, desto geringer ist in der Regel der Abstimmungs- und ggf. Korrekturbedarf innerhalb der gemeinsamen Projektarbeit. Wechselseitige Kenntnis fördert die gegenseitige Erwartungssicherheit sowohl hinsichtlich der von jedem einzubringenden Kompetenzen und Leistungen wie auch hinsichtlich der Verlässlichkeit im unternehmerischen Handeln der jeweiligen Partner.

Dabei kann die wechselseitige Kenntnis sowohl auf einem Sich-persönlich-Kennen, einer vertrauenswürdigen Empfehlung Dritter oder der Reputation der

Partner beruhen. Während das Sich-persönlich-Kennen typischerweise zu festen Netzwerken führt, sind virtuelle Unternehmen im Sinne eines dynamischen Verbunds ebenso typischerweise auf die Empfehlung durch Dritte bzw. die wechselseitige Reputation angewiesen. Diese vermag (nach einer genaueren Prüfung) aber – im Gegensatz zum Sich-persönlich-Kennen – in der Regel häufig nur etwas über die Güte der sachlichen Leistung des jeweiligen Gegenübers auszusagen, selten über die Güte der Zusammenarbeit im Rahmen eines gemeinsam zu verantwortenden Projektes.

Eine Zusammenarbeit auf der Grundlage eines gemeinsamen Geschäftsverständnisses beziehungsweise einer geteilten Geschäftsphilosophie hingegen bedeutet zwar fast immer eine gute Voraussetzung hinsichtlich der Motivation der (potentiellen) Partner, sagt per se aber weder etwas über die Güte der sachlichen Leistung der Partner noch hinsichtlich der Güte der Zusammenarbeit aus; diese herzustellen und zu gewährleisten bedarf es darüber hinausgehender „Kenntnisse" bzw. „Erfahrungen".

Als wesentliche Hürde für das Gelingen einer derart motivierten Zusammenarbeit wirtschaftlich eigenständig agierender Unternehmen kristallisiert sich schnell die damit implizit geforderte Arbeitsteilung untereinander heraus – womit erneut der Spagat zwischen „Eigenständigkeit" im Sinne von Autarkie einerseits und „Selbständigkeit" im Sinne von Integrität der Beteiligten andererseits deutlich wird. Denn zur leistungsfähigen Gestaltung des Unternehmens bedarf es in diesem Fall einer besonderen Balance von Nähe und Distanz.

4.4 Die Organisation von Zuständigkeiten, Verantwortlichkeiten und Projektkoordination

Mit der häufig nicht vorhandenen Bestimmung von Eigentums-, insbesondere Verfügungs- und Handlungsrechten des virtuellen Unternehmens durch rechtlich geschützte Besitzverhältnisse gewinnen implizite bzw. informelle Regelungen für das virtuelle Unternehmen eine besondere Bedeutung. Denn der Wechsel von Anweisungs- zu Koordinationsstrukturen bedeutet für das Management des virtuellen Unternehmens – den jeweiligen Knotenpunkt, den zentralen Akteur bzw. die Gemeinschaft der jeweils beteiligten Unternehmer – deutlich veränderte Aufgaben.

Zum einen gilt es, das Angebot zu sichern in der Form, dass auch die von anderen Partnern potentiell zur Verfügung gestellten bzw. zu erbringenden Leistungen tatsächlich verlässlich verfügbar sind, was angesichts der Tatsache, dass es sich um wiederum selbständig wirtschaftende Unternehmen oder Unternehmer handelt, eine verstärkte Kommunikation im Sinne von Absprachen, Informationen und Zusagen bedingt.

Eine zentrale Aufgabe besteht für das Management somit darin, die einzelwirtschaftlichen Aktivitäten der Partner organisatorisch derart zu synchronisieren, dass gemeinsame Projekte unbeeinträchtigt von den darüber hinausgehenden Aktivitäten der beteiligten Partner sichergestellt werden, ohne die Dispositionsfreiheit dieser Partner als selbständige Unternehmer einzuschränken.

Dies wird – im Vergleich zu klassischen Formen der Unternehmensorganisation – dadurch erschwert, dass virtuelle Unternehmen unter einer anderen zeitlichen Perspektive arbeiten. Die relative Schnelllebigkeit von Projekten und damit die systematisch angelegte Kurzlebigkeit des „materiellen Kerns" von virtuellen Unternehmen in ihrer jeweils spezifischen Zusammensetzung bringen es mit sich, dass sich Unternehmenskonzept und Unternehmensgegenstand voneinander lösen: Denn die Leistung des virtuellen Unternehmens besteht letztlich darin, die materiellen Leistungen, die zur Bewältigung eines Projektes benötigt werden, zusammenzuführen und als Gesamtpaket zur Verfügung zu stellen – das virtuelle Unternehmen übernimmt eine Art Maklerfunktion. Die zentralen Funktionen eines virtuellen Unternehmens bestehen somit in Koordination und Kommunikation. Somit konzentriert sich das Leistungsangebot virtueller Unternehmen im Wesentlichen auf Dienstleistungen und Informationsgüter im weitesten Sinne, also Softwareleistungen, Beratungsdienste, Medien, Agentendienste u. ä.

Da virtuelle Unternehmen meist nur als Informations-, Kommunikations- und ggf. Koordinationsschnittstelle existieren, ihnen aber keine wesentliche materielle Unternehmensstruktur und -organisation zugrunde liegen muss, lassen sie sich mit vergleichsweise mit geringem Kapitalaufwand gründen, aber auch vergleichsweise einfach wieder auflösen. Daraus resultiert eine hohe Anforderung an das Engagement und die Identifikation der beteiligten Partner mit der zugrunde liegenden Geschäftsidee – der Unternehmensphilosophie: Denn die Möglichkeiten eines „Ausstiegs" einzelner Partner sind größer, weil risikoloser, die Gefahr einer unkalkulierbaren Belastung für das virtuelle Unternehmen dementsprechend hoch. Diese kann nur durch Vertrauen, offene Kommunikation und (rechtlich) verbindliche Regelungen aufgefangen werden. Das Verhältnis dieser drei Faktoren zueinander, ihre Bewertung durch jeden einzelnen Partner und dessen Akzeptanz liegen wiederum ganz wesentlich begründet in der Arbeitsgestaltung innerhalb virtueller Unternehmen und bei den jeweils beteiligten Partnern.

4.5 Gestaltungspotentiale für eine menschengerechte und leistungsfähige Arbeit

> „Virtuelle Unternehmen benötigen viele hochqualifizierte, zuverlässige und intelligente Arbeitskräfte – Menschen, die mit den neuen Formen der Datennutzung umgehen, sich auf Veränderungen einstellen und gut mit anderen zusammenarbeiten können. Dazu müssen sie nicht nur lesen und schreiben können, sondern auch analysieren und planen. Virtuelle Unternehmen brauchen eine Atmosphäre des Teamgeistes, in der die Arbeiter, Manager, Kunden, Lieferanten und Behörden alle zusammenarbeiten, um gemeinsame Ziele zu erreichen." (Davidow/ Malone 1993, S. 17).

Virtuelle Unternehmen benötigen demnach nicht nur in besonderer Weise Mitarbeiter, die über eine besondere Kombination fachlicher und sozialer Kompetenzen verfügen, sondern zudem eine besondere Arbeitsumgebung, in der nicht nur kooperatives Handeln, sondern auch kooperatives Denken auf ein gemeinsames Ziel hin ermöglicht und gefördert wird.

Virtuelle Unternehmen sind gekennzeichnet durch eine besondere Form der Partnerschaft, die infolge der durch die Technologieentwicklung möglichen Veränderungen im Informations- und Kommunikationsbereich bislang übliche Informations- und Weisungshierarchien aufhebt: Es handelt sich meistens um Mitarbeiterinnen und Mitarbeiter, die – weil ihr Arbeitsgebiet und -umfeld unmittelbar von bestimmten Sachverhalten betroffen sind – direkter in den Prozess der ergebnisorientierten Handlung eingebunden sind als klassische Manager in herkömmlichen Hierarchiestrukturen oder Unternehmer, die einen Spagat zwischen selbständig-eigenständiger Wirtschaftstätigkeit und kollektiv-verantwortlicher Partnerschaft zu bewältigen müssen. Die Arbeitsgestaltung in virtuellen Unternehmen bedingt also zum einen eine besondere Kombination fachlicher und sozial-kommunikativer Kompetenzen, zum anderen aber auch ein bestimmtes Verhältnis von Autonomie und Loyalität, von Eigen- und Fremdbezug.

Betrachtet man das Wortpaar „menschengerecht" und „leistungsfähig", ist der letztere Begriff im Rahmen der Studie vergleichsweise einfach zu bestimmen: Da es sich um gewinnorientierte Unternehmen handelt, zeigt sich „Leistungsfähigkeit" in kommerziellem Erfolg, beinhaltet „leistungsfähig" die effiziente Nutzung der zur Verfügung stehenden Potentiale und Ressourcen. Das betrifft die eigene Arbeitskraft als auch die möglichst reibungslosen wechselseitigen Ergänzungen mit den Partnern innerhalb des virtuellen Unternehmens. Damit sind sowohl Fragen der Selbstverantwortung als auch der Unternehmensorganisation innerhalb des virtuellen Unternehmens angesprochen: Wie für jeden anderen Unternehmer auch, sind für Betreiber bzw. Partner eines virtuellen Unternehmens die Grenzen zwischen selbstbestimmter Verausgabung und Selbstausbeutung fließend. Sie werden zudem von jedem anders erfahren und wahrgenommen. Im Gegensatz zu „klassischen" Unternehmen und Netzwerken tragen aber die Betreiber bzw. Partner in einem virtuellen Unternehmen nicht nur ihr eigenes wirtschaftliches Risiko, sondern sind darin in verstärktem Maße von den Partnern abhängig. Dies gilt umso mehr, je intensiver das virtuelle Unternehmen sich Märkte erschließt, die nur im Verbund zu bearbeiten sind. Bezieht man „leistungsfähig" nicht auf das virtuelle Unternehmen insgesamt, sondern auf die Beschäftigten, bietet die modulartige Leistungserstellung ohne großen materiellen Überbau und die Koordination mittels IuK-Technologien zwar größere Freiheitsgrade hinsichtlich der zeitlichen und räumlichen Arbeitsgestaltung – der „Optimierungen" bei der Ausschöpfung der eigenen Potentiale und Ressourcen –, es bedarf aber gewisser Rahmenbedingungen, damit diese produktiv genutzt werden kann. Andernfalls gilt auch für virtuelle Unternehmen, was schon die soziale Wirklichkeit in Bezug auf die Möglichkeiten der „einfachen" Telearbeit kennzeichnet und von Christa Wichterich (1998, S. 81) verdeutlicht wurde:

> *„Der aus dem Betrieb räumlich herausgelöste und in das private Heim verpflanzte Arbeitsplatz mit Online-Anbindung wird als Chance für Frauen zu selbstbestimmter, zeitsouveräner Arbeitsgestaltung gepriesen. Tatsächlich aber schreit das Baby, obwohl Mama am Computer sitzt, das Kindergartenkind bringt die Masern ohne Rücksicht auf das Heimterminal mit nach Hause, und die pflegebedürftige Schwiegermutter macht ins Bett, obwohl ein mikroelektronischer Auftrag ins Haus steht. Die Telearbeiterin muß selbst Grenzen ziehen, wo Privates und Berufliches nicht mehr getrennt sind* (Wichterich 1998, S. 81).

Auch virtuelle Unternehmen sind nur bedingt geeignet, derartige soziale Grenzen von Berufs-/Erwerbstätigkeit und Sorgearbeit (vgl. Biesecker/ Winterfeld 1998) aufzuheben – so sehr sie im Einzelfall auch eine orts- und zeitunabhängig entstoffliche Leistungserstellung erlauben. Die Leistungsfähigkeit virtueller Unternehmen ist wesentlich davon abhängig, dass die erhöhten Freiheitsgrade, die die flexible Organisation virtueller Unternehmen ermöglicht, mit Rahmenbedingungen zusammenkommen, die den Menschen diese Chancen auch nutzen lässt – ohne ihn zu überfordern.

Die besondere Bedeutung, die dem Begriff „menschengerecht" in Bezug auf Arbeit zukommt, resultiert aus der Tatsache, dass der Mensch als Individuum Träger seiner eigenen Arbeitskraft ist; er lässt sich aber nicht auf die Funktion des Verkäufers seiner „Ware" Arbeitskraft reduzieren (Kreikebaum 1992, S. 34). Die Verknüpfung von Person und Arbeit löst sich zusehends auf: Wissenschaft und rationales Denken haben mit dem Ziel fortgesetzter Produktivitätssteigerungen Arbeit mittels Standardisierung und Automatisierung „entpersönlicht" (Wellmann 1982, S. 12).

„Menschengerecht" bedeutet somit im Rahmen dieser Studie: Was dem Menschen in seinem Menschsein gerecht wird. Recherchiert man den Begriff „menschengerecht" in der aktuellen Literatur und in Projekten, so hat sich der Gebrauch dieses Begriffes nach dem Versanden der Projekte zur Humanisierung der Arbeitswelt Mitte der 1970er bis Mitte der 1980er Jahre im wesentlichen auf Gesichtspunkte der Ergonomie sowie des Arbeits- und Gesundheitsschutzes verengt. Dies hat zum einen sicherlich mit den grundlegenden Veränderungen in der Arbeitswelt angesichts der zunehmenden Liberalisierung des internationalen Warenaustausches und der damit verbundenen Verschärfung der Wettbewerbssituation auf dem Arbeitsmarkt zu tun, ist zum anderen aber auch auf die veränderte Bewertung von Arbeit und Arbeitsumfeld angesichts einer zunehmenden Effizienzsteigerung der „Nicht-Arbeitszeit" zurückzuführen, die die Bewertung der „sozialen Welten von Arbeit und Zuhause" zulasten der letzteren, zugunsten der Arbeit, „umpolt" (Hochschild 2002, S. 56 f.).

Auf der anderen Seite reduziert sich mit zunehmender Intensivierung der Arbeitsteilung und fortschreitender Entstofflichung der Leistungserstellung der persönliche Arbeitsbeitrag insbesondere für abhängig Beschäftigte in wachsendem Maße.

Virtuelle Unternehmen können durchaus einen Weg bieten diese „Entfremdung" des Menschen mit seiner Arbeitswelt abzubauen, weil sie mit vergleichsweise geringen Kosten selbstorientiertes Handeln ermöglichen: Die Entstofflichung der Leistungserstellung, die Möglichkeiten der IuK-Technologien sowie das Potential einer Leistungsverschränkung und -ausweitung durch Kooperationen, schaffen Möglichkeitsräume bislang nicht vorstellbaren Ausmaßes für die Beteiligten.

Denn letztendlich erfordern die strukturellen Veränderungen in der Arbeitswelt von Partnern wie Beschäftigten in virtuellen Unternehmen in weitaus stärkerem Maße als in herkömmlichen Unternehmen

- ein stetes Zurechtkommen mit kurzfristigen Beziehungen, weil Flexibilität einen steten Wandel des Ort-Zeit-Aufgabe-Geflechts für jeden Einzelnen bedeutet und institutionelle Strukturen und Verlässlichkeiten aufgelöst werden,
- eine Orientierung weg von nur vorhandenen Fähigkeiten und Fertigkeiten hin zu potenziellen Fähigkeiten erfolgen muss
- eine grundsätzliche Bereitschaft, Gewohnheiten zugunsten einer steten Suche nach Neuem aufzugeben (vgl. Sennett 2005, S. 9).

Unter dem Gesichtspunkt „menschengerechter Arbeits- und Unternehmensorganisation" tritt im Zusammenhang mit virtuellen Unternehmen ein sozialpsychologisches Dilemma zutage, das Rainer Fellmeth (2004, S. 152) so formuliert:

„Unterschwellige Indifferenz, flache Bindungen, Gemeinschaftsgefühle ohne Bedeutung machen gerade die Stärke flexibler Netzwerke aus"

und das von den jeweiligen Partnern und Mitarbeitern virtueller Unternehmen individuell bewältigt werden muss.

Virtuelle Unternehmen stehen somit – da sie sich ja als Unternehmen begreifen, also auf eine gemeinsame Leistungserstellung mit Orientierung auf Gewinn- bzw. Einkommenserwerb orientiert sind – mehr noch als andere Formen kooperativer Leistungserstellungen vor jenen Fragen, die Richard Sennett zu seiner Auseinandersetzung mit der „Kultur des neuen Kapitalismus" bewogen:

> *„Wie [...] können langfristige Ziele verfolgt werden, wenn man im Rahmen einer ganz auf das Kurzfristige ausgerichteten Ökonomie lebt? Wie können Loyalitäten und Verpflichtungen in Institutionen aufrechterhalten werden, die ständig zerbrechen oder immer wieder umstrukturiert werden? Wie bestimmen wir, was in uns von bleibendem Wert ist, wenn wir in einer ungeduldigen Welt leben, die sich nur auf den unmittelbaren Moment konzentriert? Dies sind die Fragen zum menschlichen Charakter, die der neue Kapitalismus stellt."* (Sennett 1998, S. 12).

Wie sich die „menschengerechten" Anforderungen im Rahmen virtueller Unternehmen konkret gestalten und, in welcher Weise diese Gestaltung den beteiligten Menschen in den jeweils spezifischen Arbeits- und Kommunikationszusammenhängen gerecht wird, lässt sich ohne Kenntnis konkreter Ansprüche der Beteiligten und jeweiligen Settings, in denen ein virtuelles Unternehmen agiert, nicht näher ausführen.

5 Erfolgsfaktoren virtueller Unternehmen – die Erhebungsphase

Das Projekt „Erfolgsfaktoren virtueller Unternehmen – Gestaltungspotentiale für eine menschengerechte und leistungsfähige Arbeits- und Unternehmensorganisation" verbindet eine systematische Aufarbeitung theoretischer Erkenntnisse mit den Ergebnissen exemplarischer Fallstudien, um im Abgleich von Theorie und Praxis eine sach- und problemorientierte Beschreibung der Möglichkeiten und Grenzen, der Potentiale und Restriktionen virtueller Unternehmen hinsichtlich der menschlichen Bedürfnisse zu geben. Letztere beziehen sich auf die (Erwerbs-)Arbeit und die sich stetig verändernden Rahmenbedingungen des wirtschaftlichen Wettbewerbs, in denen sich die Gestaltungspotentiale von Unternehmen bewegen müssen.

Nachdem im vorangegangenen Teil eine kurze Aufarbeitung der theoretischen Auseinandersetzung mit virtuellen Unternehmen erfolgte, wendet sich dieser Teil nun der empirischen Erhebung und der virtuellen Zukunftskonferenz zu, die im Rahmen des Projektes durchgeführt wurden.

Für die Online-Erhebung wurde in einem ersten Schritt ein Pool von Unternehmen aufgelistet, die mittels Zeitungs-, Zeitschriften-, Literatur-, Datenbank- und Internetrecherche nach der veröffentlichten Meinung oder ihrer Selbstdarstellung als virtuelle Unternehmen zu betrachten sind. In einem zweiten Schritt wurden diese Unternehmen nach einem parallel zur Recherche entwickelten Kriterienraster klassifiziert. Aus der Gesamtheit der aufgenommenen Unternehmen wurde eine Stichprobe ausgewählt, mit der leitfadengestützte Interviews durchgeführt wurden.

Für die virtuelle Zukunftskonferenz wurde ein Wiki-Tool im Internet errichtet, gestaltet und als Informations-, Kommunikations- und Diskussionsplattform getestet.

5.1 Herangehensweisen der Online-Forschung

Der Forschungsgegenstand Internet ist in vielen verschiedenen Disziplinen salient. Allerdings gibt es vielerorts Schwierigkeiten, Fragestellungen mit Hilfe empirischer Methoden zu operationalisieren. Einerseits treten Probleme auf, weil klassische (bekannte) Methoden sich nur unzureichend auf den Kommunikationsraum Internet übertragen lassen. Anderseits wurde das Wissen zu neuen Datenerhebungstechniken innerhalb des Internet noch unzureichend aufgearbeitet.
(Batinic et al. 1999, Vorwort der Herausgeber)

Zwar zählen standardisierte Online-Erhebungen mittlerweile zu den häufig genutzten Instrumenten der Sozialforschung und sie reichen durch die Repräsentativität der Nutzergruppen im Internet an die Nutzer von Telefonen im Festnetz heran: Trotzdem sind Experimente und die Erarbeitung von Erfahrungswissen zur Umsetzung von Klein- und Großgruppenverfahren im World Wide Web

noch selten. Einen Beitrag zur Schließung dieser Lücke erarbeitete das Forschungsvorhaben durch die Konzeption einer Zukunftskonferenz im Internet:
Die Entwicklung und die Umsetzung von Visionen und Leitbildern werden durch Verfahren der Großgruppenmoderation unterstützt. Großgruppenverfahren gelten „als Chance, Zukunft zu gestalten, da sie viele Menschen gleichzeitig erreichen und damit Akzeptanz für Veränderungsprozesse erhöhen können". Sie setzen Impulse zur Weiterentwicklung von Organisationen und sind so

„wirkungsvolle Instrumente, selbst in komplexen Organisationen, ganzen Unternehmen und größeren sozialen Systemen [...] einen schnellen, nachhaltigen und geplanten Wandel in Gang zu setzen und umfangreiche Planungsprozesse sowie deren Umsetzungen zu steuern." (Die Zukunftskonferenz o. J., o. S.)

Zukunftskonferenzen behandeln die Entwicklung „wünschenswerter Zukünfte" mit einer Gruppe von Beteiligten, die die Ergebnisse des Moderationsverfahrens anschließend auch umsetzen sollen. Das Verfahren ist ergebnisoffen mit dem Ziel, gemeinschaftlich sowohl Perspektiven, als auch Strategien und Maßnahmen zu erarbeiten. Im Rahmen der Zukunftskonferenz blicken die Teilnehmerinnen sowohl in die Vergangenheit als auch in die Zukunft. Der zeitliche Rahmen wird dabei in Abhängigkeit zum Ziel und der Thematik der Aufgabenstellung festgelegt.

Zukunftskonferenzen gliedern sich in die Schritte
- Rückblick in die Vergangenheit,
- Analyse von Trends,
- Bewertung der gegenwärtigen Situation,
- Entwicklung von Visionen,
- Planung von Maßnahmen.

Im Rahmen der Studie wurden Möglichkeiten erprobt, die Potentiale von Zukunftskonferenzen für die Bewertung und Gestaltung von virtuellen Unternehmen zu erarbeiten und diese ergänzend zu anderen Online-Verfahren einzusetzen.

Das gemeinsame Arbeiten über räumliche und zeitliche Grenzen hinaus und die synchrone Veröffentlichung von Arbeitsergebnissen gehören zu den Erfolgsfaktoren von Internet-Diensten und -Anwendungen. Dialog- bzw. Community-Formate wie Foren, Weblogs, aber auch Mailinglisten werden für vielfältige Zielstellungen angeboten. Als Basis für die virtuelle Zukunftskonferenz wurde die Software MediaWiki gewählt.

WikiWikiWebs (im Folgenden kurz Wikis) sind vergleichsweise neue Dialogformate im Internet, die zur Generierung von Ergebnissen auf das Zusammenwirken mehrerer Akteure setzen und die kollaborative Content-Erstellung und somit die Qualitätssicherung der so erarbeiteten Wissensbasen unterstützen. Der

Begriff „Wiki Wiki" kommt aus dem hawaiianischen und bedeutet „schnell". Das erste WikiWikiWeb wurde 1995 entwickelt. Grundgedanke war es, mit Experten weltweit gemeinsam Standardprobleme der Software-Entwicklung zu lösen. Experten konnten auch ohne Grundkenntnisse der HTML-Programmierung sowohl eigene Texte in die Wissensbasis einbringen, als auch die Texte anderer Autoren bearbeiten bzw. ergänzen (bzw. Änderungen zurücknehmen). Bei den meisten Wiki-Lösungen ist es ebenfalls möglich, die Beiträge anderer Autoren zu kommentieren.

Die so entwickelte Groupware MediaWiki bildet heute die Basis für die größte frei zugängliche Enzyklopädie Wikipedia.org. Der Erfolgt, der Wikipedia bestätigt, dass die Groupware auch durch wenig erfahrene Internetnutzer zu bewältigen ist: Das Online-Lexikon Wikipedia.org, – Anfang 2001 gegründet –, verzeichnete im Sommer des Jahres 2005 den 250.000sten Artikel (Kleinz 2005, o. S.) seiner deutschsprachigen Ausgabe, die damit die zweitgrößte Wikipedia-Regionalausgabe bildet. Insgesamt bestehen mehr als hundert verschiedene Sprachausgaben. Die Zahl der Zugriffe lag im Jahr 2004 bei weltweit etwa 300 Millionen pro Monat (Krüger, 2004, o. S.).

Jeder Nutzer kann einem Wiki neue Stichworte hinzufügen, Artikel schreiben oder bereits existierende Artikel ändern. Eine Qualitätskontrolle der Beiträge findet durch die Nutzer und/ oder den Betreiber bzw. Moderator statt. Befürchtungen, Angebote könnten aufgrund der dezentralen Zugangsstruktur und des breiten Zugangs mit Falschinformationen überflutet und genutzt werden, fanden sich bisher in viel genutzten und moderierten Diensten nicht bestätigt (Krüger, 2004, o. S.). Falschinformationen werden in kurzer Zeit korrigiert oder entfernt, konfliktträchtige Themen werden längere Zeit überarbeitet. (Wattenberg/ Viégas 2003, o. S.)

Abweichend von der Herangehensweise der Wikipedia wurden die folgenden Optionen gewählt:

- Um die Komplexität des Themas „Virtuelle Unternehmen" im Rahmen der Zukunftskonferenz zu reduzieren, wurde die Herangehensweise durch die Darstellung von Ergebnissen des Forschungsvorhabens – hier insbesondere der Trendanalyse – und durch die Strukturierung von Forschungsfragen analog eines „Runden Tisches" unterstützt. Runde Tische sind in Deutschland seit der „Wende" einer breiten Öffentlichkeit bekannt geworden. Sie sind ein Instrument, um eine große Bandbreite von Meinungen und Erfahrungen unterschiedlicher Beteiligter praxisnah zu präsentieren und die wichtigsten Akteursgruppen zu integrieren.

- Am Beispiel der Ergebnisse der Online-Befragung wurden Expertinnen und Experten aus Unternehmen, Forschung und Verbänden die Möglichkeit geben, zentrale Fragestellungen und Ergebnisse zu kommentieren und sachgerecht zu diskutieren. Hierzu wurde eine Vorlage im Wiki programmiert, die die Experteneinschätzungen strukturierte.

- Zur Bewertung der Situation und der Entwicklung von Maßnahmen wurden Diskussionsbeiträge kontrolliert einbezogen.

Im Ergebnis gelang es, die Grundgedanken der Zukunftskonferenz umfassend im Internet abzubilden. Für Forschungsvorhaben positiv sind insbesondere die flexiblen Möglichkeiten der Informationsdarstellung und die Diskussion von Ergebnissen sowohl in Forschungsverbünden als auch mit Dritten. Auch die Ergänzungsmöglichkeiten durch weitere Internettechnologien – beispielsweise Chats für Expertengespräche – zählen zu den Vorteilen dieses methodischen Vorgehens. Problematisch gestaltete sich allerdings die Gewinnung von Teilnehmenden durch die geringe Zahl von virtuellen Unternehmen.

5.2 Der Unternehmenspool

In einem ersten Arbeitsschritt wurden von den beteiligten Projektpartnern als Ergebnis ihrer jeweiligen Recherchearbeiten über 50 Unternehmen benannt, die auf den ersten Blick als virtuelle Unternehmen im Sinne des Projektes interessant erscheinen. Diese Unternehmen haben ihren Sitz in der Regel in Deutschland, vereinzelt auch in Österreich und in der Schweiz. Ergänzt wurden diese durch eine weitere Liste von über 30 Europäischen wirtschaftlichen Interessenvereinigungen (so genannter EWIVs bzw. EEIGs), transnationalen Unternehmensverbünden, die im Rahmen des EU-Rechts eine eigene Rechtsform besitzen. Diese Listen wurden über die Laufzeit des Projektes ständig aktualisiert und vor allem um relevante Unternehmen bzw. Unternehmenskonstellationen im europäischen Ausland ergänzt. Insgesamt wurden somit gut 80 „Virtuelle Unternehmen" im Unternehmenspool berücksichtigt.

Die Unternehmen wurden anhand eines Kriterien-Rasters, das sich an den oben angeführten Hypothesen orientiert kategorisiert. Im Wesentlichen beruht ihre Einbeziehung aber auf deren Eigenbeschreibung wie auch auf (öffentlichen) Fremdzuschreibungen hinsichtlich

- Unternehmensstruktur,
- Geschäftsgrundlage und
- Unternehmensphilosophie bzw. Geschäftsmodell

Als zentrale Quelle dienten die Internet-Präsentationen der jeweiligen Unternehmen.

Im Unternehmenspool wurden also Unternehmen zusammengestellt, die sich selbst als „virtuell" bezeichnen, oder diese Unternehmensform von anderen zugeschrieben wurde. Da die Unterscheidung von Netzwerken und virtuellen Unternehmen im Sinne dieses Projektes immer nur im Einzelfall vorgenommen werden kann, wurden im ersten Arbeitsschritt auch Unternehmen aufgenommen, die sich als „virtuelles Netzwerk" bezeichnen oder bei denen sich eher Netzwerkcharakter vermuten lässt. Somit bestand die erste Aufgabe im empirischen Teil des Projektes darin, den Unternehmenspool nach für die Fallstudien geeigneten virtuellen Unternehmen zu sichten und indem diejenigen Unternehmen nicht zu berücksichtigen, die bei genauerer Prüfung nicht den zentralen Kriterien für virtuelle Unternehmen entsprechen.

So wurde ein Großteil der Europäischen wirtschaftlichen Interessenvereinigungen im weiteren Projektverlauf nicht mehr berücksichtigt, weil sie keinerlei über die Lobbyarbeit hinausgehende projektbezogene und systematische Kooperation erkennen lassen: So handelte es sich bei einem solchen „Unternehmen" einmal um die Marketingplattform einer Kreishandwerkerschaft, bei einem anderen um eine Werbeplattform für das Genossenschaftswesen, bei einem dritten um eine Art Schülerfirma. Die im Pool verbliebenen 55 Unternehmen wurden daraufhin nach den Kriterien gruppiert und klassifiziert:

- rechtliche Konstruktion, also Rechtsform und Regelung der Geschäftsgrundlagen,
- Netzwerkcharakter bzw. -charakteristika und
- Unternehmensphilosophie bzw. Selbstverständnis.

5.3 Die rechtliche Konstruktion

Schon in der einfachen Gegenüberstellung von Rechtsform, Ansprechpartner/ Inhaber und Selbstbeschreibung der Kooperationsbeziehungen zeigen sich deutliche Unterschiede:

Unter den 55 im Unternehmenspool verbliebenen Unternehmen finden sich 13 GmbHs – mit nur zwei Ausnahmen alle aus dem IT-Bereich oder der Unternehmensberatung. Die beiden Ausnahmen aber fallen als virtuelle Unternehmen im Sinne dieser Studie außer Betracht, weil es sich in einem Fall um eine Unternehmensgruppe mit klarer Konzern- bzw. Holdingstruktur handelt, im anderen um eine Art Web-Portal, das einer Gruppe von Unternehmen zwar eine gemeinsame Werbe- und Akquisitionsplattform bietet, nicht aber auf eine systematische gemeinschaftliche Leistungserstellung abstellt.

Von den 11 verbleibenden GmbHs *bezeichnen* sich 5 explizit als *Netzwerk*, 2 weitere *charakterisieren* sich selbst als solches. Als *virtuelles Unternehmen bezeichnet* sich nur eines, ein weiteres *beschreibt* sich selbst als solches, ohne sich so zu nennen, während sich bei den beiden weiteren Unternehmen in ihrer Selbstbeschreibung keinerlei Hinweise auf virtuelle Strukturen finden lassen; auch diese wurden im weiteren nicht mehr in die Untersuchungen einbezogen.

Die somit verbleibenden neun GmbHs innerhalb des Unternehmenspools bieten unisono die Vermittlung projektspezifischer Kompetenzen aus einem Pool von eigenen Mitarbeitern bzw. selbständigen Partnern an. Diese Unternehmen betrachten sich als zentrale Knoten innerhalb eines Netzwerkes, die Maklerfunktionen übernehmen – ob als Partner innerhalb eines virtuellen Unternehmens oder aber als Unternehmen mit dem Geschäftsgegenstand „Makeln" lässt sich anhand der Selbstdarstellungen allerdings nur für einen Fall eindeutig klären: In diesem Fall ist die GmbH eigens für die gemeinsame Leistungserstellung ansonsten selbständig wirtschaftender Unternehmensberater geschaffen worden.

Des Weiteren finden sich im Unternehmenspool drei Aktiengesellschaften: Ein virtuelles Krisenzentrum, eine aus dem Bereich Marketing und eine AG aus dem Bereich der Unternehmensberatung. Während es sich im Fall des Marketing-Unternehmens um die projektbezogene Zusammenstellung von Mitarbeitern aus dem Unternehmen selbst handelt, also nicht um ein virtuelles Unternehmen im Sinne des Projektes, sieht sich die Unternehmensberatungsfirmen nicht nur als Netzwerk selbständiger Unternehmen und Unternehmer, sondern darüber hinaus als „Wertegemeinschaft" mit dem Ziel zeitlich befristeter Projektkooperationen; die Aktiengesellschaft übernimmt dabei sowohl intermediäre Projektleistungen als auch unmittelbare Projektträgerschaften. Die Netzwerkpartner sind auf der Grundlage einer öffentlich einsehbaren Kooperationsvereinbarung als Aktionäre an der AG beteiligt, die Zahl der Aktionäre ist aber nicht auf die Netzwerkpartner beschränkt.

Weiterhin finden sich im ursprünglichen Unternehmenspool drei eingetragene Vereine, die als Interessensvertretungsgemeinschaften gegründet worden sind; es lassen sich in den Selbstdarstellungen aber keinerlei Hinweise darauf finden, dass eine systematische Kooperation in der projektbezogenen Leistungserstellung bezweckt wird. Vielmehr handelt es sich offensichtlich nur um gemeinsam genutzte Akquisitions- und Präsentationsplattformen, die keinerlei darüber hinausgehende wirtschaftliche Ziele verfolgen. Somit werden auch die Vereine im weiteren Projektverlauf nicht weiter betrachtet.

Innerhalb der Gruppe der Kapitalgesellschaften, die nach Auswertung ihrer Selbstdarstellungen im Pool derjenigen Unternehmen verbleiben, die als potentielle virtuelle Unternehmen für weitergehende Fallstudien in Betracht gezogen werden, scheint sich somit in der Wahl der Rechtsform ein unterschiedliches Verständnis von virtuellen Unternehmen zu spiegeln: Während die GmbH mit ihrer rechtlichen Haftungsbeschränkung gewählt wird, die projektbezogen Kompetenzen makeln, auf die sie im Rahmen eigener Netzwerkbildung Zugriff haben bzw. erlangen, ist die AG als Rechtsform auf Risiko- und Haftungsstreuung bzw. -teilung ausgelegt, was – durchaus im Sinne auch der konventionellen betriebswirtschaftlichen Rationalität – eine Verantwortungsgemeinschaft der Aktionäre für das „Geschäftsgebaren" des Unternehmens impliziert. Diese Implikationen sind aber angesichts der geringen Fallzahlen nicht generalisierbar und aufgrund ungleichen Verteilung bzgl. Branche und Leistungssegment nicht übertragbar.

Mit 15 von 55 Unternehmen in der Ausgangsstichprobe des Unternehmenspools stellen aber die Kapitalgesellschaften nur gut ein Viertel der Unternehmen, die für Fallanalysen im Rahmen des Projektes überhaupt in Betracht gezogen worden sind. Auch wenn man die im juristischen Sinne als Personengesellschaft zu behandelnde GmbH & Co. KG im ursprünglichen Unternehmenspool hinzunimmt, erhöht sich dieser Anteil nicht wesentlich; zumal auch dieses Unternehmen eher als Ausdruck einer rechtlich verschachtelten Konzernstruktur denn als virtuelles Unternehmen im Sinne des Projektes erscheint. Die einzige, wirklich als Personengesellschaft in Form einer KG geführte Unternehmung hingegen präsentiert sich wiederum als Makler in einem Netzwerk, so dass letztendlich auch in unserer Stichprobe des Unternehmenspools das Gros der virtuellen Unternehmen sich ohne eigene Rechtsform (außerhalb des BGB) wieder findet Das deckt sich mit der schon oben angeführten Behauptung Langes, virtuelle Unternehmen stellten häufig keine eigenen Wirtschaftseinheiten dar, sondern definierten sich „nur" über das gemeinsame Handeln der beteiligten Partner (Lange 2001, RdNr. 94 f.).

Die erste Durchsicht des Unternehmenspools nach dem Kriterium der Rechtsform hat im Abgleich mit der jeweiligen Selbstbeschreibung also zum einen die Zahl der für die Fallstudien interessanten Unternehmen auf 47 reduziert. Sie hat zum anderen aber auch als erstes inhaltliches Ergebnis eine hohe Korrelation zwischen der Wahl einer GmbH als Rechtsform und einer Beschreibung des materiellen Kerns des jeweiligen virtuellen Unternehmens als Kompetenzen-Makeln aufgezeigt.

5.4 Der Netzwerkcharakter

Betrachtet man nun die Netzwerkstruktur der im Unternehmenspool verbliebenen Unternehmen, so zeigt sich, dass der Extremfall einer projektgebundenen Zusammenarbeit selbständiger Partner, die einander nicht kennen, sondern nur aufgrund ihrer jeweiligen Expertise für das anstehende Projekt und eines geteilten Geschäftsmodells bzw. einer gemeinsamen Unternehmensphilosophie zueinander finden, nicht vorhanden ist.

Mit 26 Unternehmen arbeitet die Mehrzahl der betrachteten Firmen mit einem festen Netzwerk bzw. innerhalb eines festen Netzwerkes, greift also auf bekannte Partner bzw. einen Pool bekannter Unternehmen zurück. Bei einem dieser Unternehmen handelt es sich von der Anlage her allerdings um ein staatlich gefördertes Technologie- bzw. Dienstleistungszentrum, das im weiteren Verlauf nicht weiter berücksichtigt wird, da es offensichtlich nicht mehr existiert – trotz vielfältiger Versuche war keine Kontaktaufnahme möglich.

Bei zwei Unternehmen handelt es sich um Kooperationen weniger selbständiger Unternehmen, die zwar ihrem Charakter nach Gemeinschaftsunternehmen entsprechen, jedoch keine eigene Rechtsform besitzen, so dass die oben aufgeworfenen Fragen der Organisation und Koordination in virtuellen Unternehmen, von Autonomie und Abhängigkeit, Vertrauen und Regulation auch in diesem Fall bestehen, weshalb diese Unternehmen weiterhin im Unternehmenspool verbleiben. Ähnliches gilt für die oben schon erwähnte GmbH & Co KG, deren formale Organisation Züge einer Konzernstruktur aufweist, die sich aber selbst als Kooperation selbständiger Partner charakterisiert und bezeichnet.

Für die übrigen Unternehmen lässt sich auf Grundlage ihrer Selbstdarstellung keine Aussage über den Charakter ihrer Zusammenarbeit mit ihren Partnern machen.

5.5 Unternehmensphilosophie bzw. Selbstverständnis

Als weiteres Unterscheidungsmerkmal tritt neben die Art des Netzwerks, in dem sich virtuelle Unternehmen (be)finden, als ein Ausdruck der Unternehmensphilosophie die Art der „Virtualität", also dasjenige Merkmal der Unternehmensorganisation, das die Zuschreibung bzw. Selbstbeschreibung als „Virtuelles Unternehmen" begründet.

Von den oben genannten vier möglichen Schwerpunkten, die ein Unternehmen als „virtuell" charakterisieren, überwiegt im Pool der verbliebenen Unternehmen die Zur-Verfügung-Stellung bzw. Zusammenführung projekt-spezifischer Kompetenzen, deren Organisation und Koordination, das so genannte „Human Ressource Management": Unter den 46 Unternehmen liegt bei 11 laut ihrer Selbstbeschreibung der Schwerpunkt in der projektbezogenen Kompetenzbündelung, bei vieren im geschlossenen Marktauftritt, bei dreien in der Kooperation ohne materielle Unternehmensstruktur und nur bei einem in der expliziten Flüchtigkeit der projektbezogenen Kooperation. Letzteres lässt sich auch zu den zuerst genannten projektbezogenen Kompetenzbündelungen rechnen, da es sich um ein Netzwerk fester Partner handelt.

Ein Unternehmen charakterisiert seinen Schwerpunkt in der räumlich-dezentralen Organisation mittels IuK-Technologien. Da dieses Unternehmen in Form einer GmbH geführt wird und nur bei Bedarf mit anderen Unternehmen kooperiert, wird es im Weiteren zunächst nicht mehr berücksichtigt. Es verbleibt jedoch im Unternehmenspool, weil es zum einen während der Projektphase „umgebaut" wurde, zum anderen nach Auskunft des Betreibers typische Merkmale virtueller Unternehmen aufweist.

Betrachtet man die Frage, was gemäß Selbstdarstellung von den Unternehmen als „virtuell" betrachtet wird, für diejenigen Unternehmen, die in bzw. mit festen Netzwerken arbeiten, so fokussiert sich das Bild: Zwar lassen sich unter den 26 Netzwerken für acht keine Informationen entnehmen, was das „Virtuelle" der Unternehmung ausmacht, bei zehn von 11 Unternehmen findet sich aber die größte Zahl, die projektbezogen Ressourcen und Kompetenzen bündeln bzw. zur Verfügung stellen. Von den vier Unternehmen, deren Hauptziel in der geschlossenen Außendarstellung liegt, verbergen sich bei drei Unternehmen feste Netzwerke. Auch zwei der drei Unternehmen ohne materielle Unternehmensstruktur sind feste Netzwerke, was auch für das einzige Unternehmen gilt, das angibt seine spezifische Organisationsform sei nur für ein Projekt gewählt worden.

5.6 Befunde der Erhebungen

Betrachtet man die Selbst*beschreibungen* und Fremd*zuschreibungen* der im Unternehmenspool verbliebenen Unternehmen und ergänzt diese durch die Informationen, die direkte Kontaktaufnahmen und die Gespräche im Rahmen der Zukunftswerkstatt[11] erbrachten, so bestätigt sich im Großen und Ganzen das Bild, das Theorie und Literatur erwarten lassen: Für die überwiegende Zahl der einbezogenen Unternehmer dient das virtuelle Unternehmen zur Verbesserung ihrer Marktsituation, zur eigenen Markterweiterung, zur Ergänzung eigener Kompetenzen und zur Verbesserung der e Wettbewerbssituation mit großen Konkurrenten und zum Abdecken spezifischer Aufträge im Sinne eines spezialisierten Angebotes mehrerer kleiner und mittlerer Unternehmen (KMU). Dennoch stellt das „virtuelle Unternehmen" für die KMU in der Regel nur eine Erweiterung der bisherigen Geschäftstätigkeit dar, was sich durch einen Mehrwert zum Kerngeschäft rechtfertigen lässt. Es fanden sich keine Unternehmen, die essentiell auf die virtuelle Organisationsform angewiesen sind, um bestehen zu können – zumindest keine, die das angaben. Das virtuelle Unternehmen gilt den Befragten als kostengünstige Kooperationsform, da es auf einen materiellen Kern von Büro- und Produktionskomplexe verzichtet kann und trotz seiner dezentralen Struktur nur geringe Transaktionskosten hat.

Auch die im Rahmen des Projektes durchgeführte Online-Befragung[12] stützt diese Ergebnisse: Auf die Frage, welche Ziele das eigene Unternehmen mit der virtuellen Organisationsform verbinde, überwogen mit 71 % der Antworten eindeutig der Ausgleich fehlender Kompetenzen, mit 58 % bzw. 55 % gefolgt von Verbesserung der Leistungsqualität und Kostensenkung. Es folgen mit ca. 50 % die Ziele Erweiterung des Angebotspektrums, Erschließung neuer Absatzmärkte und Kundensegmente sowie mit 43 % die Möglichkeit zur Übernahme von Komplettaufträgen. Einen Imagegewinn versprechen sich hingegen nur 22 % der Antwortenden.

Unter den im Projekt angesprochenen Unternehmen ergibt sich zum letztgenannten Punkt eine interessante Dreiteilung hinsichtlich der eigenen Wahrneh-

---

[11] Die Zukunftswerkstatt wurde von den Projektpartnern am 29./30. Juni 2005 in Berlin veranstaltet.
[12] Die Teilnehmenden wurden durch Anschreiben per „gelber Post" und E-Mail sowie über Hinweise in Newslettern und auf Veranstaltungen des Projekts um ihre Beteiligung gebeten. Von den letztlich 100 auswertbaren Fragebögen waren 30 % aus dem Ausland, vorwiegend aus Irland und Großbritannien.

mung ihrer Außendarstellung. Der überwiegende Teil gab an, keinerlei Probleme mit dem Auftritt als virtuelles Unternehmen zu haben. Andere meinten, dies sei für ihre Kunden uninteressant. Einige wenige verspürten eine deutliche Benachteiligung, die sie darauf zurückführten, als virtuelles Unternehmen nicht der Erwartungshaltung ihrer Kunden bezüglich Repräsentation durch ein reales Unternehmen zu entsprechen: Ohne repräsentatives Gebäude, einen großen Fuhrpark und eine Heerschar von Mitarbeitern fehlten potentiellen Kunden die Insignien auch Erfolg und damit im Rückschluss von Leistung und Reputation.

Von zentraler Bedeutung für den Erfolg ihres virtuellen Unternehmens bewerten die Gesprächspartner die Kommunikationsleistungen der Partner untereinander und die Bündelung ihrer jeweils spezifischen (Fach)Kompetenzen. Störungen innerhalb der Kommunikation oder des wechselseitigen Vertrauens führen – können diese nicht einvernehmlich gelöst werden – in der Regel zum Ausschluss einzelner Partner.

In dieselbe Richtung deuten die Ergebnisse der Online-Befragung: Als wichtigste fachliche Kompetenz für die erfolgreiche Tätigkeit in einem virtuellen Unternehmen gilt den Antwortenden mit 83 % die Kompetenz im eigenen Fachgebiet, mit 77 % gefolgt von Kompetenzen im Umgang mit Kommunikations- und Informationstechnologien. Gute Marktkenntnisse und Fremdsprachenkenntnisse werden demgegenüber mit 52 % bzw. 39 % als eher zweitrangig eingestuft – vielleicht, weil diese im Sinne der Arbeitsteilung als Shared Services von anderen Partnern beigesteuert werden könnten. Hinsichtlich der organisatorischen Kompetenzen wird zielorientiertes Arbeiten von 85 % der Befragten als besonders relevant betrachtet, gefolgt mit 80 % von der Fähigkeit zur Selbstmotivation, -kontrolle und -steuerung. Es folgen mit Abstand Eigenverantwortlichkeit und Entscheidungsstärke (68 %) und hohe Flexibilität (67 %). In Bezug auf die Relevanz persönlicher und sozialer Kompetenzen dominiert Kooperationsfähigkeit mit 82 % vor Kommunikationsfähigkeit mit 78 %, gefolgt von der Bereitschaft zum Teilhabenlassen am eigenen Wissen (73 %), einem gemeinsamen Geschäftsverständnis bzw. einer geteilten Zielorientierung (61 %) sowie hoher Belastbarkeit (47 %).

Nicht zuletzt wegen dieser Anforderungen ist deshalb für die Gesprächspartner im Rahmen dieses Projektes die Größe des virtuellen Unternehmens auch begrenzt: Sie ist abhängig von der jeweiligen Überschaubarkeit, von der Möglichkeit, die Partner noch kennen und einschätzen zu können. Aus diesem Grunde veranstalten die meisten regelmäßige Treffen mit allen Partnern, auf denen z. B. auch über die Aufnahme neuer Partner entschieden wird.

Die Online-Befragung, die über einen Zeitraum von drei Monaten im letzten Quartal 2005 durchgeführt wurde und an der sich gut 100 Betreiber und Mitarbeiter von virtuellen Unternehmen beteiligten, zeigt folgende weitere Ergebnisse:

- Mit 63 % akquiriert der Großteil der virtuellen Unternehmen seine Kunden im nationalen bzw. zu 47 % im lokalen und regionalen Gebiet. Nur 12 % der Antwortenden agieren auch oder ausschließlich international, nur 38 % auch oder ausschließlich in anderen Ländern innerhalb der EU.

- Ein ähnliches Bild findet sich für den Sitz der Partner innerhalb des jeweiligen virtuellen Unternehmens: Bei 60 % der Antwortenden finden sich Partner im eigenen Land, bei 47 % in der unmittelbaren lokalen und regionalen Umgebung. Nur 13 % arbeiten innerhalb des eigenen virtuellen Unternehmens mit internationalen Partnern zusammen, 34 % mit Partnern aus anderen Ländern innerhalb der EU.

- Mit 70 % der Antwortenden überwiegt der Anteil der Akademiker deutlich. Weitere 19 % haben ein Abitur– bei 9 %, die keine Angabe machten – lässt sich vermuten, dass virtuelle Unternehmen schwerpunktmäßig im Wissensbereich zu finden sind: Die Anforderungen an fachliche und soziale Kompetenz, verbunden mit den Herausforderungen der Komplexität modularer Leistungserstellung, lassen virtuelle Unternehmen vor allem dort finden, wo qualifizierte Tätigkeiten mit einem großen Grad an spezialisierter Arbeitsteilung und Entstofflichung gefordert sind.

- Mit 73 % liegt das Schwergewicht der eigenen Tätigkeit im virtuellen Unternehmen mit deutlichem Abstand in Organisation und Management, gefolgt von Beratung & Lehre mit 47 % und Forschung & Entwicklung mit 46 %. Tätigkeiten wie Produzieren, Reparieren oder Einrichten spielten hingegen mit 7 %, 2 % bzw. 1 % keine gewichtige Rolle.

- Mit nur 10 % von Unter-30jährigen, 15 % von Über-55jährigen und 10 % ohne Angabe, liegt mit 36 % das Schwergewicht in der mittleren Altersgruppe der 35- bis 44jährigen der Befragten. Der Großteil der Teilnehmer an der Befragung verfügt also über Lebens- und Berufserfahrung. In der Regel geht der Gründung eines virtuellen Unternehmens eine Zeit der eigenständigen Selbständigkeit der Partner voraus.

- Ihrem Verständnis von virtuellen Unternehmen nach gaben 14 % der Befragten an, schon bis zu 10 Jahren in einem solchen zu arbeiten, weitere 23 % dies bis zu 5 Jahren; 38 % der Teilnehmenden hingegen arbeiten erst bis zu 3 Jahre in einem virtuellen Unternehmen. Ob dieses Ergebnis auf einen Entwicklungsprozess zurückzuführen ist, der sich wegen der zahlreichen Schwierigkeiten und Innovationen erst schrittweise durchzusetzen beginnt, lässt sich derzeit wohl nicht abschließend bewerten. Zahlreiche Faktoren sprechen im Bereich der individuellen Organisation von Arbeit der Beschäftigten als auch der Effizienzsteigerung des gesamten Unternehmens durch virtuelle Organisationsmuster dafür, dass sich der Unternehmenstyp im Zuge der Globalisierung weiter verbreiten wird.

Abbildung 5-1: Gründe für die Arbeit in einem virtuellen Unternehmen bzw. in virtuellen Strukturen (Zahl der Nennungen, Mehrfachantworten möglich)

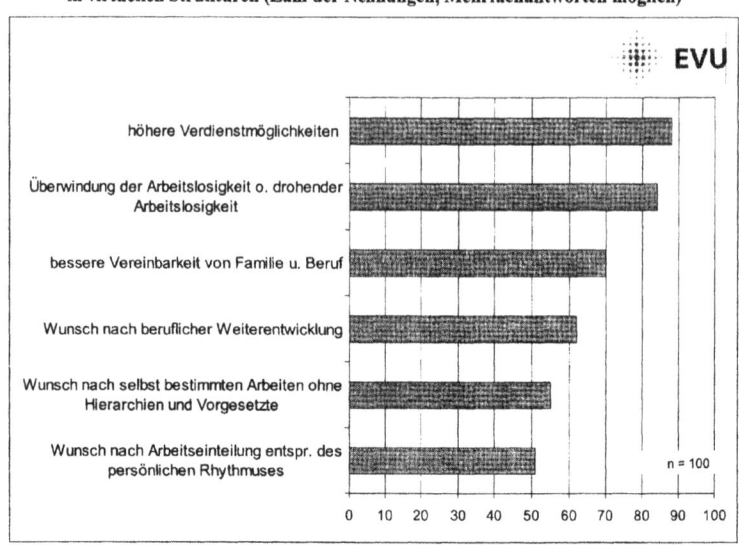

Quelle: EVU-Online-Befragung, 2005.

- Zwar ist der am häufigsten genannte Grund für die Arbeit in einem virtuellen Unternehmen – Mehrfachantworten waren möglich – mit 88 % die höhere Verdienstmöglichkeit, doch mit 84 % schon dicht gefolgt von der Überwindung bzw. der Angst vor drohender Arbeitslosigkeit. Mit 70 % in deutlichem Abstand rangiert der Wunsch nach einer besseren Vereinbarkeit von Familie und Beruf auf Rang drei. Der Wunsch nach selbstbestimmtem Arbeiten ohne Hierarchie und Vorgesetze liegt mit 55 % auf Rang fünf. Mit 51 % belegt der Wunsch nach einer Arbeitseinteilung entsprechend des persönlichen Rhythmus den sechsten, der Wunsch nach beruflicher Verbesserung hingegen mit 70 % den vierten Platz. (vgl. Abbildung 5-1).

- Auch wenn für 52 % der Antwortenden bei 9 % ohne Angaben mangels Familie die Vereinbarkeit mit der Arbeit faktisch keine Bedeutung hat, zeigt sich doch in den Gründen für die Arbeit in einem virtuellen Unternehmen eine klassische Karriereorientierung: Einkommen, Beschäftigung und Weiterkommen dominieren deutlich – was das Gewicht nach den Gestaltungspotentialen virtueller Unternehmen in Hinblick auf eine menschengerechte Arbeits- und Unternehmensgestaltung etwas relativiert.

Abbildung 5-2: Kriterien für die Abgrenzung eines virtuellen Unternehmens von „klassischen" Unternehmen (Zahl der Nennungen, Mehrfachantworten möglich)

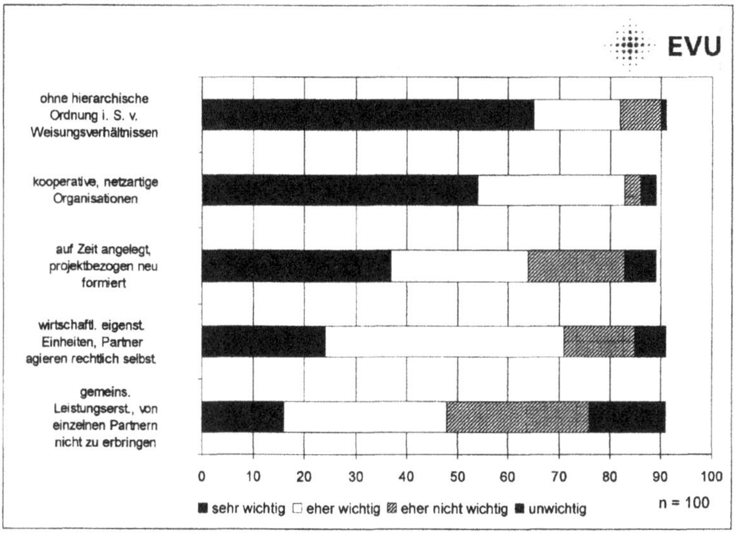

Quelle: EVU-Online-Befragung, 2005.

- Doch schon bei der Frage, welche Kriterien ein virtuelles Unternehmen charakterisierten, zeigt sich die Bedeutung, die die Befragten der Arbeitsorganisation und den mit ihr verbundenen höheren Freiheitsgraden beimessen: Die Arbeitsorganisation ohne hierarchische Ordnung im Sinne von Weisungsbefugnissen halten 64 % für das wichtigste Kriterium virtueller Unternehmen. Fasst man die Antwortkategorien „sehr wichtig" und „eher wichtig" zusammen, steht mit 82 % die kooperative, netzartige Organisation an erster Stelle. Die Flüchtigkeit des Unternehmens halten hingegen nur 37 % für sehr wichtig. Allerdings messen insgesamt 64 % diesem Kriterium durchaus eine Bedeutung bei (vgl. Abbildung 5-2).

Abbildung 5-3: Gründe für die Arbeit in einem virtuellen Unternehmen bzw. in virtuellen Strukturen (Zahl der Nennungen, Mehrfachantworten möglich)

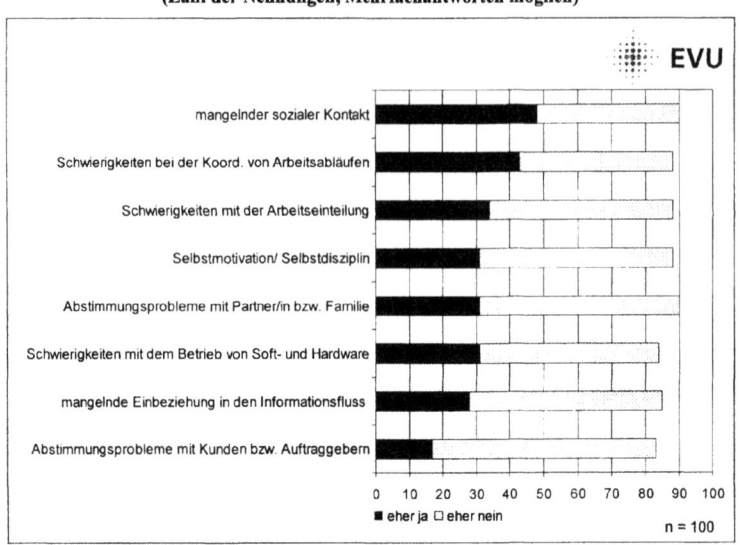

Quelle: EVU-Online-Befragung, 2005.

- Auch Antworten auf die Frage nach Schwierigkeiten beim Arbeitseinstieg in ein virtuelles Unternehmen verweisen auf strukturelle Unterschiede zum „klassischen" Unternehmen: Auf die Frage, ob sie bei ihrem Arbeitseinstieg mit der Arbeit in virtuellen Strukturen Schwierigkeiten gehabt hätten, gaben 48 % an, tendenziell Schwierigkeiten wegen mangelnder sozialer Kontakte und 42 % mit der Koordination von Arbeitsabläufen gehabt zu haben. Fragen der Selbstorganisation und -motivation spielten hingegen für die Mehrzahl der Antwortenden keine Rolle, auch die Abstimmung mit Partnern bzw. der Familie stellten nach eigener Aussage mit 68 % zu 32 % für die Mehrzahl keine Schwierigkeit dar (Partner und Familienangehörige wurden allerdings nicht befragt) (vgl. Abbildung 5-3).

- Auf die Frage nach den Erfahrungswerten, wie sich Arbeitsdauer und -intensität durch ihre Tätigkeit in einem virtuellen Unternehmen verändert hätten, gaben 43 % an, ihre Arbeitszeit hätte sich erhöht, 13 % sagten, sie hätte sich verringert. Für 30 % hat sich die Arbeitsdauer nicht verändert – für die verbleibenden 14 % liegen keine Antworten vor. Deutlicher sind die erfahrenen Veränderungen hinsichtlich der Intensität: 49 % geben an, die Arbeit in einem virtuellen Unternehmen sei intensiver als früher, demgegenüber lediglich 3 %, sie sei weniger intensiv geworden; 22 % verzeichneten hingegen keine Veränderung. Für 26 % liegen zu dieser Frauge keine Antworten vor. Das aber heißt: Für genau die Hälfte derer, die diese Frage beantwortet haben, hat sich durch ihre Tätigkeit in einem virtuellen Unternehmen die Arbeitsdauer erhöht, und gut 66 % derer, die den zweiten Teil dieser Frage beantwortet haben, verzeichneten eine Erhöhung der Arbeitsintensität. Demgegenüber hat die Arbeitsdauer nur für 15 %, die Arbeitsintensität sogar nur für 4 % derjenigen, die Auskunft zu dieser Frage gaben, abgenommen.

- Auf der anderen Seite geben 61 % der Teilnehmer an der Online-Befragung auf die Frage, wie sich ihre Fachkompetenzen durch die Arbeit in einem virtuellen Unternehmen verändert hätten, an, sie hätten sich erweitert, 18 % sie hätten sich reduziert bzw. spezialisiert. 12 % sahen hier keine Veränderung.

- Mit Blick auf ihr persönliches Verhältnis zu Arbeit und Privatleben gaben 73 % der Befragten an, häufig auch an Sonn- und Feiertagen zu arbeiten, 54 % auch Arbeitseinsätze ohne Rücksicht auf eigene persönliche Belange zu leisten, wenn es ein Projekt verlange. Für 55 % verschwimmt nach eigener Angabe die Grenze zwischen Arbeit und Privatleben.

Ohne diese Einzelergebnisse überbewerten zu wollen, lässt sich doch festhalten, dass virtuelle Unternehmen nicht nur spezifische Anforderungen an die jeweiligen Partner und Mitarbeiter stellen, sondern gerade deshalb voraussichtlich nicht für jeden eine angemessene Arbeitsumgebung darstellen. Das Arbeiten in virtuellen Strukturen eröffnet gerade den KMU wie auch den einzelnen Unternehmern und Mitarbeitern erhöhte Freiheitsgrade, fordert aber gleichzeitig, diese nicht nur nutzen, sondern ausfüllen zu können: Auch ein virtuelles Unternehmen muss sich in erster Linie im Wettbewerb gegenüber der Konkurrenz bewähren. Das Potential hinsichtlich der Leistungsfähigkeit gerade für KMU, das die erhöhten Freiheitsgrade virtueller Unternehmen in der Leistungserstellung durch ihre jeweils spezifischen Qualitätsangebote im Verbund mit Anderen in sich bergen, verlangt in der Arbeitsorganisation den Verzicht auf institutionalisierte Routinen und kommt damit jenen entgegen, die auf der Basis kurzfristiger, schwacher Bindungen selbstorganisiert und eigenverantwortlich ihre Fachkompetenzen auf dem Markt anbieten wollen und können.

Dies kommt auch in den Fallstudien zum Ausdruck: In einer Form, die deutlich macht, dass gerade in virtuellen Unternehmen, mit höchsten Ansprüchen hinsichtlich Flexibilität, Einzigartigkeit und wechselseitigen Sich-Einbringens mit dem Ziel einer erfolgreichen gemeinsamen Leistungserstellung von einer gemeinsam getragen Unternehmensphilosophie der virtuellen Kooperation nicht abgesehen werden kann, soll natürlich das Unternehmen als Ganzes erfolgreich sein!

6 Virtuelle Unternehmen: Darstellung exemplarischer Fallstudien

6.1 ATB

Das österreichische Unternehmen ATB wurde 1991 von Wolfgang Bernhard in Gallneukirchen in der Region Linz gegründet. Seit 1995 agiert das Unternehmen als virtuelles Unternehmen mit einem festen Kern an Partnern, der aber – abhängig von der benötigten fachlichen Kompetenz – erweitert wird.

Nach Abschluss seines Studiums zum Elektrotechniker arbeitete Herr Bernhard auftragsbezogen für internationale Großkunden und eine selbstständige Tätigkeit angestrebt. Bis heute bilden diese Unternehmen, in denen ATB neue Hard- und Softwarelösungen einführt, das Kerngeschäft des Unternehmens. Für seine Kunden bietet ATB die Entwicklung von Hard- und Softwarelösungen, von Prototypen bis hin zu zertifizierten Seriengeräten. Zu den Produkte gehören u. a.:

- Mess-, Steuer-, und Regelungstechnik
- Dezentrale Automatisierungslösungen
- Internetanbindung von Regelsystemen
- Telekommunikationsanwendungen wie Fernwartung, Überwachung, Alarmierung etc.
- Mobile Datenkommunikation: firmenspezifische Lösungen z. B. Mobilfunk, SMS und WAP
- Gebäudeautomatisierung.

Die ATB bietet sowohl die hausinterne Entwicklung von Produkten als auch die temporäre Entsendung von Partnern an, um in den beauftragten Unternehmen die jeweiligen Fachteams zu verstärken.

Ein wichtiger Grund für den Aufbau eines virtuellen Verbundes lag darin, dass bei der Gründung die Anforderungen einer klassischen Unternehmensform höher sind als bei einem virtuellen Verbund. So entfiel die Suche nach einem Unternehmensstandort, da fast alle Partner von zu Hause aus arbeiten können. Einzige Ausnahme bildet ein Prüflabor, welches zeitweise in die Auftragsabwicklung einbezogen wird. Neben der Anforderung einer Standortsuche entfallen damit die Kosten für Büromieten und Anfahrtskosten, was ein Wettbewerbsvorteil ist.

Im Umgang mit Kunden ist die ATB von herkömmlichen Unternehmen praktisch nicht zu unterscheiden. Dies ist wichtig, um ein hohes Maß an Verbindlichkeit gegenüber dem Kunden zu signalisieren, d. h. dass es dem Kunden letztlich egal sei, ob er mit einem virtuellen oder einem konventionellen Unternehmen zusammenarbeitet.

Kunden- und Marktstruktur

Bemerkenswert hinsichtlich der Marktposition ist, dass ATB einen kleinen, aber sehr festen Stamm von Kunden besitzt, der derzeit nicht weiter ausgebaut werden soll. Die ATB arbeitet für drei feste Kunden und zwei Kunden, die temporär an die ATB herantreten. Die Kunden der ATB befinden sich überwiegend in Deutschland und Österreich. Ein Unternehmen hat seinen Sitz in den Niederlanden. An eine Ausweitung der Unternehmensaktivitäten in andere europäische Länder ist nicht gedacht.

Hintergrund ist, dass der Firmengründer von Beginn an auf ein langsames Wachstum seiner Unternehmung setzt: „Der Tod einer Firma kann auch sein, sich zuviel aufzuhalsen". Gleichzeitig besteht so für ihn die Möglichkeit, seine persönlichen Ansprüche an die Vereinbarkeit von Familie und Beruf miteinander in Einklang zu bringen, d. h. es besteht für ihn ein Gleichgewicht an unternehmerischen Erfolg und privater Zufriedenheit. Deutlich wird diese Philosophie auch in der Kundenansprache: Während vergleichbare Unternehmen offensiv mit einer Vielzahl von Dienstleistungen und Kompetenzen werben, wirkt der Internetauftritt der ATB vergleichsweise zurückhaltend. Kennzeichnend sind z. B. die wenigen Kontaktdaten sowie Kundenbereiche, die ausschließlich über ein Login erreicht werden können, d. h. der Zugang zu den Angeboten der ATB wird dem potentiellen Interessenten nicht leicht gemacht.

Die Vorteile, als virtuelles Unternehmen an den Markt zu gehen, liegen laut Aussage des Geschäftsführers vor allem in der Flexibilität, auf Kundenanforderungen einzugehen. Als Beispiel wurde die schnelle Bündelung technologischen Know-hows in einem virtuellen Unternehmen angeführt: Eine normale Firma mit einer Entwicklungsabteilung könne dies nicht in der Geschwindigkeit abrufen, wenn sie z. B. in anderen Projekten oder mit einer anderen Aufgabe gebunden ist.

Partner

Den Kern der ATB machen neben dem Geschäftsführer weitere fünf Personen bzw. Partner aus, die an unterschiedlichen Standorten überwiegend in der Region Linz/ Österreich sitzen. Die gesamten Koordinationsleistungen der Auftragsabwicklung sowie das Marketing liegen beim Geschäftsführer der ATB, gleichwohl sind die Partner der ATB nicht weisungsgebunden.

Bei den beteiligten Partnern handelt es sich um Einzelpersonen, die rechtlich voneinander unabhängig sind und als Rechtsform jeweils die GmbH gewählt haben. Die ATB selbst ist eine GmbH & Co. KG. Obwohl alle beteiligten Partner eigenständige Unternehmen führen, wird deren Hauptgeschäft über die ATB erwirtschaftet. Im Einzelfall können zwischen 80 bis 100 % des Umsatzes aus Aufträgen über die ATB stammen.

Der Kontakt zu den Partnern ist über das gemeinsame Studium entstanden. Vor dem eigentlichen Entschluss der gemeinsamen Unternehmung stand also häufig auch der private Kontakt, d. h. dass neben der fachlichen Qualifikation ein hohes Maß an Vertrauen zwischen den Partner herrschen musste. Dies zeigt auch die Dauer und Konstanz in der Zusammensetzung des Unternehmens. Die Möglichkeit zur Arbeit im Verbund der ATB war dann auch der Anlass für die Partner, in die Selbstständigkeit zu gehen. Dieser bietet allen Beteiligten eine Basis an Aufträgen mit der Möglichkeit, darüber hinaus weitere Kunden zu akquirieren.

Bislang ist erst ein Partner aus dem Verbund ausgeschieden. Regelmäßig bewerben sich Absolventen bei der ATB, die bei passender technischer Kompetenz in ein Projekt eingebunden werden können. Der Vorteil bei den Absolventen liegt vor allem darin, dass sie aktuelles technisches Know-how von den Hochschulen mitbringen.

Grundsätzlich sollte die Anzahl der Partner der ATB laut der Geschäftsführung im einstelligen Bereich bleiben, da mit einem weiteren Anstieg auch die Gefahr steigt, „die Partner nicht genau kennen zu lernen und einschätzen zu können. Durch ein oder zwei Ausreißer kann schon ein hoher Schaden für das ganze System entstehen". Eine untere Grenze für die Anzahl der Partner bestehe da, wo der Ausfall eines Partners bzw. der Verlust an Kompetenz nicht ersetzt werden könne.

Im Falle der Auftragsannahme werden kurzfristig zwischen den Partnern Verträge abgeschlossen, die vor allem den Schutz des eingebrachten Know-hows zwischen den Partnern regeln. Werden z. B. während eines Auftrags Patente entwickelt, die aus der gemeinsamen Arbeit hervorgegangen sind, liegt der wirtschaftliche Gewinn ausschließlich bei der ATB GmbH & Co. KG. Die Partner bekommen in dem Fall einen Prozentsatz des Gewinns zugesichert. In der Regel zahlt der Geschäftsführer im Vorfeld sämtliche Kosten der Patentierung.

In Bezug auf die Bezahlung stellt die ATB ihren Partnern frei, ob sie über eine prozentuale Gewinnbeteiligung oder stundenweise zum Fixlohn bezahlt werden wollen. Geboten wird aber in jedem Fall ein Mindestauftragsvolumen bzw. ein Mindestverdienst. Innerhalb des Unternehmens herrscht eine hohe Transparenz zwischen den Partnern, welche Vereinbarungen bei den jeweiligen Aufträgen eingegangen werden. Gegenüber den Kunden werden normale Verträge abgeschlossen, die keine Besonderheiten aufweisen. Als Vertragspartner tritt die ATB GmbH & Co. KG auf. Mit dem Eintritt in die Partnerschaft haben die Partner ein Versicherungspaket abgeschlossen, welches die Haftung innerhalb des Verbundes regelt und absichert.

Grundsätzlich besteht ein hohes Maß an Vertrauen zwischen den Partnern und damit vor allem eine formale Notwendigkeit, die Zusammenarbeit zu regeln. Alle Partner haben laut Aussage des Geschäftsführers eine hohe emotionale Bindung an den Verbund. So sei es beispielsweise kein Problem, einen der Partner als Urlaubsvertretung einzusetzen und über eine begrenzte Zeit alle Kontakte über einen anderen Partner umzuleiten.

Hinsichtlich der Einbindung neuer Partner in das Unternehmen besteht eine gewisse Skepsis, da eine größere Anzahl von Partnern in den Augen des Geschäftsführers ein größeres Risiko in der Zusammenarbeit bedeuten kann, wenn man sich nicht gut genug kennt, d. h. die Vertrauensbasis zwischen den Partnern ist ein wichtiges Fundament der Zusammenarbeit.

Arbeits- und Unternehmensorganisation

Die Partner der ATB sind diplomierte Elektrotechniker oder Informatiker und bringen unterschiedliche fachliche Kompetenzen in das Unternehmen ein, d. h. alle Partner sind in unterschiedlichen Feldern hoch spezialisiert. Laut Aussage des Geschäftsführers ist das in dem hoch technisierten Bereich der Hard- und Softwareentwicklung auch gar nicht anders möglich, da niemand in allen Themen umfassend informiert sein kann.

Im Großen und Ganzen unterscheiden sich die notwendigen Kompetenzen für die Arbeit in einem virtuellen Unternehmen nicht sonderlich von denen, die in einem klassischen Unternehmen gefordert sind. In Bezug auf die Soft Skills hebt Bernhard aber hervor, dass insbesondere der Fähigkeit zur Selbstorganisation und -motivation aufgrund der isolierten Arbeit eine besondere Bedeutung zukomme. In der Regel liege diese Kompetenz aber auch bei den meisten Personen, die ein Studium abgeschlossen haben, vor. Die Entwicklung der sozialen Kompetenz bzw. der Persönlichkeitsentwicklung wird durch Bernhard gefördert, in dem er seine Partner auf entsprechende Literatur hinweist bzw. sie dazu ermuntert, sich in diesem Feld weiterzubilden. Darüber hinaus werden Fachveranstaltungen, die für die Abwicklung eines Auftrags notwendig erscheinen, aus Projektmitteln finanziert.

Wichtigste Kommunikationsmittel der ATB sind ein firmeninternes Rechnernetzwerk, E-Mails sowie das Telefon bzw. Telefonkonferenzen. Der interessanteste Aspekt in der Kommunikation ist die besondere Bedeutung der E-Mail. Ihr wird eine hohe Verbindlichkeit zugemessen, da alle wesentlichen Entscheidungen, Ideen und Regelungen in ihnen festgehalten werden. Gleichzeitig dienen sie als Controllinginstrument. Grundsätzlich werden also alle Entscheidungen, auch die, die am Telefon gefällt werden, noch mal per E-Mail bestätigt. Inhaltliche Anforderungen an eine E-Mail sind demzufolge eine klare Formulierung und wann und von wem die Antwort erfolgen soll. „Jeder Partner hat die Pflicht, Probleme beim Namen zu nennen, da der Blick in die Augen fehlt bei der indirekten Kommunikation. Deshalb ist es wichtig, sofort und ehrlich über Probleme zu kommunizieren."

Dem Aspekt der klaren Kommunikation bemisst der Geschäftsführer auch eine höhere Bedeutung bei als in einem klassischen Unternehmen, wo „man sich an

Ort und Stelle jederzeit persönlich treffen kann". Deutlich wurde auch, dass eine Missachtung dieser Regeln auch den Ausschluss aus der Partnerschaft bedeuten kann.

In der Außenkommunikation ist das Unternehmen von einem klassischen Unternehmen nicht zu unterscheiden, mit dem Unterschied, dass vergleichsweise wenige Kontaktdaten zu dem Unternehmen angeboten werden. Die Kunden können über einen geschützten Bereich auf den internen Bereich der ATB zugreifen. Neukunden müssen über ein Kontaktformular an die ATB herantreten.

Zu Beginn und zum Ende eines Projektes legt der Geschäftsführer Wert auf ein persönliches Treffen aller Projektbeteiligten. Dies findet in der Regel in einem Hotel statt und dient vor allem dem informellen persönlichen Austausch. Insgesamt spielt die direkte persönliche Kommunikation innerhalb des Unternehmens eine untergeordnete Rolle.

Zu den wesentlichen Stärken der ATB gehört, dass laufende Kosten wie z. B. für Büromieten entfallen, da der Firmensitz gleichzeitig Privatwohnung ist. Damit entfallen auch Anfahrtswege und der damit verbundene Stress durch Staus und Zeitverlust. Darüber hinaus sieht Herr Bernhard auch einen ökologischen Vorteil, in dem er Emissionen spart und die lokale ländliche Infrastruktur fördert.

Hinsichtlich der Vereinbarung von Familie und Arbeit stellt die Organisationsform des virtuellen Unternehmens für Herrn Bernhard eine optimale Lösung dar. So kann er viel stärker an seinem Familienleben (z. B. bei den Mahlzeiten) teilnehmen, als es in einem Angestelltenverhältnis möglich wäre. Gleichzeitig erfordere diese Arbeitsform aber ein hohes Maß an Konsequenz und birgt die Gefahr der sozialen Isolation. Daher rate er nur Menschen mit stabilem sozialem Umfeld dazu, in einer solchen Unternehmensform zu arbeiten.

6.2 Axcess

Das Unternehmen Axess bietet IT-Netzwerklösungen für große dänische Unternehmen insbesondere aus dem Dienstleistungs- und Bildungssektor an. Es wurde im Jahr 2000 gegründet, verzeichnet ein Wachstum von 30 % p.a. und erreichte 2004 einen Gewinn von 11.1 Millionen Euro.

Axcess verfügt über einen festen Firmensitz, in welchem eine dauerhafte Verwaltung von fünf Mitarbeitern untergebracht ist und welcher für die Bereiche Sale, Presale and Support einen temporären Arbeitsraum für weitere 45 Mitarbeiter zur Verfügung stellt. Diese Strategie wird durch eine intensive Nutzung von IuK-Technologien begünstigt und ermöglicht den Mitarbeitern, zu Hause, unterwegs oder temporär beim Klienten selbst oder einem Partner zu arbeiten.

Axcess bietet in Kooperation mit anderen Unternehmen IT-Netzwerklösungen an. Angeboten wird immer ein Gesamtpaket, wobei Axcess selbst sich auf die Software konzentriert. Die Kooperationspartner übernehmen die Hardware,

Lagerung und Logistik der IT-Produkte. In der Regel sind dies Dienstleister und Anbieter mit komplementären Produkten und Dienstleistungen wie z. B. Telekom-, Netzwerk- oder weiteren IKT-Kompetenzen. Die Zusammensetzung des Unternehmensverbundes ist abhängig von den Anforderungen der Klienten bzw. des Auftrags.

Axcess wurde im Jahr 2000 von Stig Abildsø gegründet. Motiviert durch die Vision eines Unternehmens, welches in Abstimmung mit den verkauften Produkten geformt wird, hatte es seine virtuelle Struktur von Anfang an. Der Gründer hatte zuvor das IKT-Unternehmen Merkantil Data geführt, welches die gleichen Netzwerklösungen für die identischen Märkte entwickelte, die Axcess momentan anbietet. Der strategische Unterschied besteht primär in der virtuellen Organisationsstruktur innerhalb des Unternehmens von Axcess.

Ein weiterer Antrieb für diese virtuelle Strategie war die Dot-Com-Krise am neuen Markt. Virtualität wurde als eine der wenigen Möglichkeiten gesehen, sich auf einem Markt auszudifferenzieren, welcher von einem intensiven Überlebenskampf bestimmt wird. Laut Aussage von Abildsø schien dies eine kluge Entscheidung gewesen zu sein. Seitdem haben einige der Hauptakteure des Marktes das Geschäft aufgegeben, während Axcess eine Wachstumsrate von 30 % p.a. aufrechterhalten konnte.

Der Einsatz von IuK-Technologien zur Kommunikation innerhalb des Unternehmens spielt eine herausragende Bedeutung. Wichtig für die Unternehmensorganisation sind z. B. eine effektive Lokalisierung der Mitarbeiter sowie die Voraussage ihrer Arbeitszeit, des Arbeitsortes und ihrer Erreichbarkeit. Dies wird durch die übliche Internetnutzung, Net-Meetings und IP-Telekom gewährleistet. Mitarbeiter sind durch Laptops in der Lage, diese Tools überall und jederzeit einzusetzen. Dies gilt sowohl für die mobile Nutzung als auch für das Home Office.

Des Weiteren hat Axcess ein Videokonferenzsystem, welches ein Büro in Aarhus (West-Dänemark) mit dem Hauptsitz in Kopenhagen verbindet (Ost-Dänemark). Die Nutzungshäufigkeit beträgt zwei bis drei Sitzungen pro Tag. Die Nutzung des Videokonferenzsystems bringt zwei Vorteile:

1. Die Kosten werden effektiv reduziert, da die Ausgaben für das Konferenzsystem niedriger sind als die Fahrtkosten zwischen den beiden Orten.
2. Im Vergleich zu den sonstigen gelegentlichen Treffen (verbunden mit hohen Reisekosten, Zeitaufwand und persönlichem Einsatz), haben die Mitarbeiter die Möglichkeit, sich mehr oder weniger jeden Tag zu sehen.

Das Konferenzsystem ist kabellos und verbindet die Mitarbeiterinnen und Mitarbeiter auf einfache Weise miteinander durch ihre Laptops und ermöglicht z. B. einfache Präsentationen. Der Manager Stig Abildsø bemerkt dazu: „Es sind tatsächlich die kleinen Hilfsmittel, die die alltägliche Arbeit unterstützen."

Bestimmte Unternehmensteile kommen aber ohne persönlichen Kontakt nicht aus: Das Presale benötigt Treffen zwischen Verkäufern und Kunden, um die optimale Unterstützung für das eigentliche Verkaufsteam zu erreichen. Weiterhin finden alle zwei Wochen regelmäßige Fahrten der Verantwortlichen der unterschiedlichen Unternehmensteile (vier bis fünf Personen) zwischen Aarhus und Kopenhagen statt.

Laut Abildsø hätten sich die Mitarbeiter schnell an den Austausch hauptsächlich über indirekte Kommunikation gewöhnt. Durch die Videokonferenzen arbeiten Mitarbeiter aus Aarhus und Kopenhagen fast so eng miteinander, als würden sie in einem gemeinsamen Büro sitzen. E-Mails sind ein derart integraler Teil der Arbeitsweise, dass es schwierig sei zu sagen, an welchem Punkt sie persönliche Gespräche oder Telefonate ersetzen. Dennoch kann indirekte Kommunikation persönliche Treffen auf keinen Fall voll ersetzen. Die „Chemie" zwischen den Kollegen (ebenso zwischen Klienten und externen Partnern) bildet ein wichtiges Fundament der erfolgreichen Arbeit.

Für die Kommunikation mit dem Kunden etabliert Axcess derzeit ein Extranet. Dieses soll das Unternehmen im täglichen Austausch näher an den Kunden bringen und wird statische Informationen über vertragliche Einzelheiten, Service und Unterstützungsinformationen enthalten.

Es wird erwartet, dass das Extranet etwa 30 % der bestehenden externen Kommunikation übernehmen werde. Dies sei dadurch bedingt, dass nur statische Informationen im Portal zu finden seien. Gespräche des Verkaufsteams würden nach wie vor persönlich oder per Telefon geführt, aber 30 % sei schon viel.

Der Bedarf an Partnern richtet sich nach der Nachfrage der Klienten für Gesamtlösungen und Konzepte. Dies setzt die Vernetzung mit anderen Anbietern voraus, um in der Lage zu sein, den Anforderungen des Klienten entsprechen zu können.

Generell wird in den Partnerschaften, die Axcess eingeht, nach Marketingstärke gesucht. Axcess möchte die eigenen Produkte nicht selbst vermarkten und hat sich deshalb entschieden, mit Partnern mit angemessener Firmengröße zu kooperieren. Ein Beispiel ist Cisco Systems, die ein bekannter IKT-Anbieter und dazu in der Lage sind, Märkte zu erschließen, von denen Axcess profitiert. Cisco Denmark bietet Hardware für Netzwerklösungen von Axcess an. In der Regel bestehen feste Partnerschaften zwischen Axcess und seinen Partnern. Dies wird auch in der Tatsache deutlich, dass im Hauptsitz Arbeitsplätze für Repräsentanten der Partner für ein bis zwei Tage in der Woche zur Verfügung gestellt werden.

Die Aufgabe des Presales ist der Umgang mit den Partnern und die Analyse des Marktgeschehens, d. h. sie bestimmen, welche Produktmischung die beste für den Verkauf ist und sie stellen den Kontakt mit den potenziellen Partnern und Anbietern her. Die Suche nach Partnern und Klienten wird primär online vorgenommen, dennoch geht die Einstellung der Mitarbeiter und die Verbindung mit neuen Partnern immer mit persönlichen Meetings einher, weil die „Chemie" zwischen den Personen nur selten online beurteilt werden kann. Da Axcess im wesentlichen Akteure im IKT-Geschäft anspricht, liegt es auf der Hand, diese in „ihrem eigenen Medium" anzutreffen.

Mitarbeiter bei Axcess haben viel Raum für individuelles Arbeiten. Den Mitarbeitern ist es freigestellt, zu Hause zu arbeiten, was ein bestimmtes Maß an Disziplin und persönlicher Verantwortung voraussetzt, und sie müssen sich damit vertraut machen, dass sie keinen festen Arbeitsplatz im Büro haben. Dies sind Anforderungen, die bei der Einstellung von Mitarbeitern verlangt werden. Es wird daher erwartet, dass die Partner Kompetenzen für die individuelle und selbstorganisierte Arbeit mitbringen. Für eine kurze Phase wird bei Eintritt in das Unternehmen ein Mentoringprogramm angeboten, welches neue Mitarbeiter beim Einstieg in die Tätigkeit coachen soll. Laut Abildsø sind das hohe Maß an Flexibilität und die damit verbundene hohe Verantwortung spezifische Anforderungen, die Axcess an seine Partner stellt.

Die technischen Kompetenzen der Axcess Partner variieren von Verkauf über die Verkaufsvorbereitungen bis hin zum technischen Support. Letzterer bringt spezifischere fachliche Kompetenzen und Dienstleistungsorientierung mit sich.

Gegenwärtig hat Axcess keine Probleme bei der Suche nach Mitarbeitern, die diesen Qualifikationen entsprechen. Der Manager Stig Abildsø weist darauf hin, dass ein organisches Wachstum des Unternehmens nicht 20 neue Mitarbeiter mit sich bringen könne, sondern ein kontinuierliches Wachstum mit rund einem Mitarbeiter pro Monat bewältige. Dies mache es einfacher, geeignete Personen zu finden und zu engagieren. Normalerweise werden neue Mitarbeiter über persönliche Netzwerke der Verantwortlichen bei Axcess eingestellt. Sie haben langjährige Erfahrung auf dem Markt und wissen, wo geeignete Personen zu finden sind. Alternativ werden Mitarbeiter durch Online-Annoncen im Axcess-Web oder durch Headhunter gesucht.

Für ein Unternehmen wie Axcess bedeutet Virtualität Wettbewerbsfähigkeit. Dies liegt daran, dass die Grundausgaben innerhalb des Unternehmens reduziert werden können und dadurch die Organisation kosteneffizienter arbeitet. Gehälter sind mit Abstand der größte Posten auf der Kostenübersicht. Zwei Faktoren sind ausschlaggebend für die Kosteneffizienz eines virtuellen Unternehmens:

- Die Fähigkeit, Büroplatz intensiv zu nutzen und in großem Ausmaß Arbeit außerhalb des Büros zu unterstützen. Dadurch können Kosten bei Miete, Mobiliar, Heizkosten, etc. gesenkt werden.
- Die Zusammenarbeit mit den Anbietern und Partnern ersetzt die Lagerungs- und Marketingkosten der Hardware.

75

Zusammenfassend lässt sich sagen, dass die Hauptmotivation für die Virtualisierung des Unternehmens die (bessere) Fähigkeit zum Wettbewerb ist. Es sei aber nicht möglich, 100 % ig virtuell in Dänemark zu operieren. Es ist, nach Stig Abildsø, „eine Amerikanisierung" zu glauben, dass jeder Aspekt eines Unternehmens virtualisiert werden könne, und dies würde wichtige soziale Bedürfnisse unberücksichtigt lassen. Bei Axcess glaubt man, dass es immer noch wichtig sei, einen Ort zu haben, an den man hin gehöre, bzw. ein Büro zu behalten: Ein Ort, an welchem man Kollegen treffen könne, eine Umgebung, die die Arbeit unterhaltsam und attraktiv mache. In diesem Sinne braucht Axcess Physikalität, um Schlüsselmitarbeiter und Kompetenzen in ihrem virtuellen Unternehmen zu halten. So ist es für Axcess wichtig, ein Sekretariat im Haus zu behalten, an das sich Klienten und Partner wenden können, um eine familiäre und persönliche Außenrepräsentanz des virtuellen Unternehmens zu schaffen.

6.3 ARGO

Jan F. Hansen gründete ARGO 1998 als virtuelles Unternehmen. Das Unternehmen hat keinen Hauptsitz. Alle Partner nutzen für die Kommunikation IKT-Systeme und treffen sich nur gelegentlich. ARGO ist eine Consultingfirma im Bereich der Human Resources, speziell für die Entwicklung der Lernfähigkeit von Unternehmensmitarbeitern. Die Produktbreite reicht von der Evaluation von Entwicklungsprojekten und -programmen, Prozessbegleitung und Implementierung von Kompetenzentwicklung bis hin zu Design und Gestaltung von Entwicklungsprojekten.

Seit der Gründung sind sieben Partner zu ARGO dazu gestoßen. Die Partnerschaften haben einen eher permanenten Charakter; allerdings werden derzeit temporäre Partnerschaften mit anderen Unternehmen eingeführt. Bevor die Partner sich ARGO anschlossen, waren sie in traditionellen Beschäftigungsverhältnissen – meistens in der Beratung oder im Weiterbildungsbereich – tätig. Die Partner profitieren voneinander durch ihren unterschiedlichen theoretischen Hintergrund und ihre vorherigen Tätigkeiten. Sie unterstützen sich gegenseitig, d. h., dass die Partner bei jedem Auftrag von mindestens einem, oftmals mehreren Partnern unterstützt werden.

Der Gründer Jan K. Hansen stellt die Schlüsselfigur im Unternehmen dar und beschäftigt die anderen Partner auf Gehaltsbasis. Er betont aber, dass ARGO demokratisch strukturiert ist. Gemeinsame Entscheidungsprozesse finden sowohl auf Projektebene als auch bei der Ausrichtung der Unternehmensphilosophie statt. Es ist der Wunsch von ARGO, den produktiven Austausch zwischen Wissenschaftseinrichtungen und dem wirtschaftlichen Sektor zu vereinfachen. Ziel ist es, Initiativen anzuregen die auf die Personalentwicklung in Unternehmen fokussiert sind. ARGO ist besonders an einer Verbindung von

Arbeitsleben zum einen und Lernen, Qualifikation und Training zum anderen interessiert.

Ein weiteres übergreifendes Ziel ist die Zusammenarbeit mit größeren dänischen Unternehmen wie NOVO oder Danfoss. Kooperationen mit großen Unternehmen setzen allerdings voraus, dass ARGO sich personell vergrößert, um zu mehr Einfluss zu gelangen. Dies ist laut Aussage der Partner von ARGO notwendig, damit auch Großunternehmen ARGO ernst nehmen und gemeinsame Projekte durchführen.

Um die Qualität der Beratungsarbeit von ARGO zu verstärken, bilden sich alle Partner fortlaufend weiter. Auf diese Weise gehen alle *Argonauten*, wie sich die Partner von ARGO selbst bezeichnen, mit gutem Beispiel für ihre Auftraggeber voran. Diese beauftragen ARGO für die unternehmerische Personalentwicklung sowie für interne Evaluationsprozesse der Personalentwicklung.

ARGOs Klienten nehmen selten wahr, dass sie mit einem virtuellen Unternehmen zu tun haben. In einem Interview mit der Projektmanagerin Camilla Rønnov von "Social- og Sundhedsskolen" aus Naestved wird aber deutlich, dass der virtuelle Charakter von ARGO positiv wahrgenommen wird. Bei einigen Projekten habe sich die geographische Verteilung von ARGO für „Social- og Sundhedsskolen" insofern bezahlt gemacht, als sie dadurch in der Lage waren, auf verschiedene Partner und deren regionsspezifisches Wissen zurückzugreifen. ARGO kann durch die räumlich verteilte Arbeit seine Aktivitäten über ganz Dänemark ausdehnen und ähnlich einem großen Unternehmen unterschiedliche Regionen bedienen. Dies bestätigt auch ein Interview mit Johnny Hansen, Danish Bankers' Association, der keine Unterschiede in der Zusammenarbeit mit ARGO im Vergleich zu einem traditionellen Unternehmen festgestellt hat.

Die Zielmärkte von ARGO sind lokal, regional und international. Zu den Kunden zählen Regierungs- und Stadtverwaltungen sowie Unternehmen und Handels- und Industrieorganisationen (z. B. Danish Bankers Organization). Eine internationale Beteiligung an Projekten befindet sich momentan noch in der Startphase.

Die rechtliche Verantwortung obliegt Jan F. Hansen. Dies bezieht sich vor allem auf die vertragliche Gestaltung von Dienstleistungen für Kunden. In der Gründungsphase von ARGO wurde viel Aufmerksamkeit der richtigen Versicherung für die Mitarbeiter geschenkt. Zu der Zeit war es so, dass die Versicherungen lediglich Schadensfälle abdeckten, die am eigentlichen Unternehmensstandort entstanden. Mit dem Aufkommen des Home Working hat sich das Angebot von Versicherungen weiterentwickelt und die Arbeit in Home Offices mit abdeckt.

Die Kommunikation innerhalb des Unternehmens wird vor allem über eine interne Plattform organisiert. Darüber hinaus finden pro Monat drei Meetings der Partner statt. Die interne Kommunikationsplattform beinhaltet ein Document-Management-System sowie ein Knowledge-Management-System. Es beinhaltet natürlich auch die übliche Kommunikation mit E-Mail und Telefon. Die Kommunikation mit den Klienten besteht weiterhin aus persönlichen Meetings bei den Klienten selbst. Es ist nicht möglich, die Klienten in die Home Offices einzuladen, da dies Arbeit und Privatsphäre vermischen würde.

Das Hauptproblem der Kommunikation, welches durch die virtuelle Zusammenarbeit entsteht, betrifft die fehlende Absicherung bei einem Systemabsturz oder kleineren Fehlerquellen in der Hardware etc. Im Falle eines größeren Problems gibt es eine Hotline zu einer privaten IT-Firma. Bei kleineren Problemen haben zwei der Partner das nötige technische Know-how, um diese zu lösen. Alle wieteren Partner sind dazu angehalten, sich das technische Wissen zu verschaffen, welches in traditionellen Unternehmen von Experten übernommen würde.

Es gibt spezifische Regeln für die interne Kommunikation bei ARGO. Eine unbedingte Regel betrifft die Einbeziehung von mindestens zwei Partnern in größere Projekte. Wenn z. B. einer der Partner einen Bericht für die Danish Bankers' Association schreibt, erklärt sich mindestens ein weiterer Partner dazu bereit, diesen Korrektur zu lesen. Der zweite Partner steht auch als Diskussionspartner, wann immer nötig, zur Verfügung.

Die Projekte werden nach den jeweiligen Kompetenzen vergeben, es sei denn, der Kunde wählt selbst einen bestimmten Partner aus.

Im Arbeitsprozess und nach Beendigung wird das Projekt dokumentiert und kann von allen Partnern eingesehen werden. Man kann jederzeit die entsprechenden Dateien auf der gemeinsamen Plattform einsehen. Dies dient auch der sicheren Dokumentation der Projekte, falls ein Partner z. B. einen Absturz der eigenen Systeme hat.

Der schriftlichen Kommunikation wird von Jan K. Hansen eine besondere Bedeutung beigemessen, da durch die Niederschrift von Meinungen eine intensivere Auseinandersetzung möglich sei als durch den persönlichen mündlichen Austausch. Tiefergehende Reflexionen werden durch die Physikalität des geschriebenen Wortes möglich, da man den Schreiber beim Wort nehmen kann. Die Relation von schriftlicher und persönlicher Kommunikation wird anteilig auf 8:1 geschätzt.

ARGO nimmt auch an gemeinsamen Projekten mit externen Partnern teil, führt hierfür aber stets virtuelle Arbeitsstandards für die Kooperationen ein. Jan K. Hansen fühlt sich darin bestärkt, dass Networking ein schnell wachsender Trend sei. Deshalb befindet er sich stets auf der Suche nach neuen Partnern. Momentan bestehen lose Verbindungen zu Universitäten und anderen Bildungseinrichtungen, jedoch nicht auf vertraglicher Basis.

Prinzipiell ist jede Person mit einem Forschungshintergrund, die befähigt ist, vor einem Publikum mit Hunderten von Menschen aufzutreten, ein potenzieller Kandidat für die ARGO-Struktur. Derzeit wird vermehrt nach Personen gesucht, die ökonomisches Faktenwissen mit einer humanistischen Perspektive kombinieren können. Bei sämtlichen ARGO-Partnern, die alle einen humanwissenschaftlichen Hintergrund haben, gibt es einen erheblichen Bedarf für das Grundsatzdenken eines Ökonomen oder das logische Denken eines IKT-Ingenieurs. Gesucht werden aber keine Spezialisten, sondern Personen die technische und soziale Kompetenzen in Einklang bringen.

Es gibt regelmäßige Kurse für Training und Coaching, in denen „Argonauten" ihre eigenen Beratungstechniken einsetzen, wie zum Beispiel Fragetechniken. Sie sind sehr konsequent bei der kontinuierlichen persönlichen Weiterbildung und engagieren sich alle in vielfältigen Nebenaktivitäten, z. B. mit Vorträgen als externe Professoren an Universitäten, Referenten, Supervisoren und Beiräte in verschiedenen privaten Unternehmen. Die Nebentätigkeiten und die gute Grundausbildung befähigen die Partner von ARGO in wirtschaftlichen Krisenzeiten auf eigenen Beinen zu stehen. So kann ein Partner, welcher als beratender Psychologe ausgebildet ist, weiterhin als solcher konsultiert werden. Die Kompetenzen, die ARGO von externen Partnern erwartet, sind im Wesentlichen zweierlei: Die Partnerunternehmen sollten sowohl als Forscher als auch als Praktiker ausgebildet sein. Dies entspricht auch einem der Hauptziele von ARGO, nämlich die Verbindungen von Geschäftsleben und Forschungs- bzw. Bildungseinrichtungen her zu stellen.

Die übergreifende Verantwortung der Firma liegt bei Jan F. Hansen, der ARGO aber als demokratisch organisiertes Unternehmen sieht. Es gibt kein Arbeitspensum, welches jeder einzelne Partner jeden Monat vor zu weisen habe. Eigenverantwortung sichere die gewissenhafte Arbeit – nicht eine Vorschrift oder der Druck durch die anderen Partner. Im ersten Jahr erhalten neue Partner die gleiche Entlohnung wie jeder andere Mitarbeiter auch, obwohl von ihnen noch nicht der gleiche Anteil an erbrachter Arbeit erwartet wird.

Laut Jan K. Hansen induziert die virtuelle Struktur des Unternehmens die demokratische Struktur: Es ist viel schwieriger, die Führung auszuüben, wenn jeder abwesend ist. Deshalb bekommen die kulturellen Aspekte der Zusammenarbeit eine besondere Rolle. Das gemeinsame Ziel und die Vision des virtuellen Unternehmens müssen gründlich in jedem Mitarbeiter verwurzelt werden, um einen nötigen Vertrauensgrad zu gewährleisten. Sanktionen wegen Regelbruchs sind bisher nie bei ARGO aufgetreten.

6.4 FM-Connect.com – das FM-Beratungs- und Ingenieurnetzwerk

Das Unternehmen FM-connect.com[13] ist seit dem 01.01.2003 als Zusammenschluss verschiedener spezialisierter Beratungs- und Ingenieurbüros im Wirtschaftsraum Hamburg auf dem Markt. Im Kern geht es darum, die komplexen Leistungsanforderungen und Methoden eines modernen und integrierenden Facility Managements[14] (FM) durch vernetzte Partner anzubieten. Das Unternehmen versteht sich im Außenverhältnis als ein virtuelles Unternehmen und ist im Innenverhältnis wie ein Netzwerk organisiert.

Initiator und Koordinator von FM-Connect.com ist Herr Kay Meyer. Der Initiator ist Eigentümer der Markenrechte an dem Signet „FM-connect.com" sowie den dazugehörigen Websites. Die Koordination des virtuellen Unternehmens erfolgte zunächst gemeinsam mit drei Mitarbeiter/innen. Seit dem 01.02.2006 sind bereits sechs Mitarbeiter/innen beschäftigt. Nachdem FM-Connect.com im Wirtschaftsraum Hamburg nunmehr erfolgreich ist, sollen mittelfristig in Mittel- und Süddeutschland weitere aktive FM-„Knoten" etabliert und mit Regionalkoordinatoren und Partnerunternehmen besetzt werden. Damit expandiert FM-Connect.com im Bereich komplexer, FM-bezogener Beratungs-, Management-, IT-, Architekten- oder Ingenieurleistungen bundesweit.

Aus Sicht von FM-connect.com ist ein virtuelles Unternehmen ein Unternehmen in dem die Partnerunternehmen eine wirtschaftliche Einheit zur gemeinsamen Realisierung von Marktchancen (hier konkret: im Facility Management) bilden. Zum Grundverständnis gehört, dass sich das virtuelle Unternehmen durch eine minimale Zentralisation auszeichnet und an der gemeinsamen Leistungserstellung ausschließlich „schlanke" Partnerunternehmen beteiligt sind – also solche Unternehmen, die sich vollständig auf ihre spezifischen Kernkompetenzen

---

[13] http://fm-connect.com/fmconnect.htm
[14] Für Facility Management existiert bislang keine einheitliche Definition. Stattdessen gibt es unterschiedliche Auffassungen und somit variierende Definitionsansätze darüber, was in dieses Themengebiet hineingehört und was nicht. Dem Verständnis der „International Facility Management Association" (IFMA) zu Folge integriert Facility Management die Grundlagen der Betriebswirtschaft, der Architektur sowie der Verhaltens- und Ingenieurwissenschaften bei der Koordination des physischen Arbeitsplatzes mit den Menschen und mit der Arbeit der Organisation. Nach der Definition der „German Facility Management Association" (GEFMA) ist Facility Management eine Managementdisziplin, die durch ergebnisorientierte Handhabung von Facilities und Services im Rahmen geplanter, gesteuerter und beherrschter Facility Prozesse eine Befriedigung der Grundbedürfnisse von Menschen am Arbeitsplatz, Unterstützung der Unternehmens-Kernprozesse und Erhöhung der Kapitalrentabilität bewirkt. Für das virtuelle Unternehmen FM-Connect.com steht die Managementaufgabe von Technikern *und* Kaufleuten im Vordergrund, die eine gemeinsame, abgestimmte Position bei der Betrachtung einer Immobilie aus der Sicht der Gebäudenutzung benötigen. In diesem Sinne ist Facility Management eine Ausrichtung des strategischen Managements und nachfolgend die flexible Neuausrichtung der operativen Prozesse.

konzentrieren und daher mittels Outsourcing notwendige Randbereiche ausgegliedert haben. Hinzu kommt das Charakteristikum, dass die Leistungserbringung durch die vernetzten Partnerunternehmen virtuell erfolgt, das heißt sowohl zeit- als auch standortunabhängig.

Das Ziel der Zusammenarbeit des virtuellen Unternehmens FM-Connect.com besteht in der koordinierten, vertrauensvollen und auf Dauer angelegten Partnerschaft zur Bildung eines schnell wachsenden, produktiven und professionell arbeitenden sowie qualitätsgesicherten Dienstleistungsunternehmens im Facility Management. Durch die „intelligente" Verzahnung von zentralen, regionalen und lokalen Funktionen sollen substantielle Synergieeffekte zur Unterstützung des Kerngeschäfts der einzelnen Partnerunternehmen erzielt werden. Der koordinierte Zugriff auf unterstützende zentrale Funktionen sowie auf die Beratungsleistungen der verschiedenen beteiligten Partnerunternehmen von FM-Connect.com soll dabei die Konzentration auf das eigentliche Kerngeschäft eines jeden Partnerunternehmens unterstützen. Zudem zielt der Zusammenschluss darauf ab, dass über das virtuelle Unternehmen auch komplexe Projektaufträge angenommen werden können, die die einzelnen Partnerunternehmen aufgrund kompetenzbezogener Defizite alleine nicht wahrnehmen könnten.

Um den Aufgabenstellungen der Kunden im Kontext des Facility Managements effizient und flexibel zu entsprechen, ist die Verfügbarkeit von ca. 60-80 verschiedenen Fachkompetenzen erforderlich, die ein einzelnes Unternehmen nur schwer alleine anbieten kann. Zu den erforderlichen Kernkompetenzen zählen beispielsweise:

- **Kaufmännisches Facility Management:** Abfall- und Umweltmanagement, Customer Relationship Management, Flächenmanagement, Geschäftsprozess-, Ablauf- und Wertschöpfungsoptimierung, Immobilienwirtschaftliches Consulting, Inkasso, Instandhaltungsmanagement, Logistik, Outsourcing, Personal- und Organisationsentwicklung in Unternehmen und Einrichtungen, Sanierungskonzepte, Vertragsrecht/-prüfung etc.

- **Technisches Facility Management:** Anpassungsprogrammierung, Auswahl und Einführung von CAIFM-Verfahren (Computer Aided Integrated Facility Management), CAD-Dienstleistungen einschließlich von CAD-Schulungen (Computer Aided Design), Gebäudetechnik, PC- und Netzwerkbetreuung, Realisierung und Pflege von Individuallösungen, SAP-Beratung in den Schwerpunkten PM/ CS/ RE, Simulation und Visualisierung etc.

- **Kunden- und branchenspezifisches Facility Management:** Management und Marketing (z. B. von Gesundheitsleistungen), Fachplanung (z. B. Medizintechnik), Projektsteuerung (z. B. Medizintechnik und Krankenhausbau), Organisationsberatung und Prozessplanung (z. B. mit Schwerpunkt Gesundheitssystem) etc.

Die beteiligten Partnerunternehmen des virtuellen Unternehmens FM-connect.com ergänzen sich in ihren unterschiedlichen Dienstleistungsprodukten und werden in Abhängigkeit zum jeweils spezifischen Projektbedarf eingebunden. Die Partnerunternehmen sind beispielsweise Architekten, Fachplaner, DV-Kaufleute und Informatiker, Immobilienkaufleute, Kommunikationsexperten, Fachingenieure oder Berater mit einem Schwerpunkt auf Kunden und Performance im Facility Management.[15]

Das Endprodukt des virtuellen Unternehmens setzt sich aus den jeweils unternehmensspezifischen Kernprodukten zusammen. Dabei stellt das Beratungs- und Ingenieurnetzwerk bewusst nicht die einzelnen Partner in den Vordergrund, sondern die verfügbaren Leistungen des virtuellen Unternehmens sowie deren Mehrwert im Facility Management.

Die Partner schließen so genannte Partnerverträge ab. Hierin erklären sie ihre verbindliche Bereitschaft zur aktiven Teilnahme und wechselseitigen Förderung im Rahmen des FM-Beratungs- und Ingenieurnetzwerkes aller Partnerunternehmen, Regionalkoordinatoren und des Initiators zur Bildung des virtuellen Unternehmens unter dem Warenzeichen FM-Connect.com sowie ihre Zugehörigkeit zum Netzwerk. Außerdem sind in dem Partnervertrag verbindliche Regeln für Partnergebühren enthalten. So erhalten die Partnerunternehmen für vermittelte Erst- und Folgegeschäfte eine Partnergebühr als Gutschrift. Die Höhe der Gebühr wird als Prozentsatz des Netto-Auftragwertes berechnet und variiert in Abhängigkeit zum Auftragsvolumen. Bei besonders wirtschaftlich rentablen oder auch besonders unrentablen, aber strategisch wichtigen Aufträgen haben sowohl das vermittelnde als auch das vermittelte Unternehmen die Möglichkeit, eine individuelle Partnergebühr auszuhandeln. In etwaigen Konfliktfällen versucht der Initiator oder der Regionalkoordinator zu schlichten und zu moderieren.

Die Partnerunternehmen sind durch abgestimmte Leitbilder, Visionen und Werte miteinander verbunden, die auch im Partnervertrag verankert sind. So teilen die Partner des virtuellen Unternehmens FM-Connect.com beispielsweise die folgenden Visionen miteinander:

- **Innovation:** Alle Partner verstehen sich als Innovationstreiber im Facility Management, sowohl für die angebotenen Dienstleistungen, als auch für das virtuelle Unternehmen FM-Connect.com, um die Kunden bestmöglich zufrieden zu stellen.

- **Transparenz:** Die angebotenen Dienstleistungen im Bereich des Facility Managements werden für den Endkunden transparent und verwertbar erbracht. Der Wissenstransfer vom bzw. zum Kunden ist ausdrücklich in allen Projekten erwünscht.

---

[15] Eine Übersicht der Partnerunternehmen findet sich unter: http://www.fm-connect.com/cms/partnerliste.php.

- **Risikoübernahme:** Nach einer ersten Analysephase fertigen die Partnerunternehmen auf Wunsch des Kunden auch „Risikoangebote" an, in denen der Projekterfolg anhand von operationalisierbaren Messkriterien garantiert und/oder für eine Zwischenfinanzierung für die Kunden gesorgt wird.

- **Image und Akzeptanz:** Alle Partner beteiligen sich aktiv an einer bundesweiten Etablierung der Marke „FM-Connect.com" bis Ende des Jahres 2006 und pflegen gute Beziehungen zu allen Marktteilnehmern. Bei Außenkontakten verdeutlichen die Partner die bestehenden Qualitäts-, Kosten- und Terminvorteile eines virtuellen Unternehmens bzw. Netzwerkes.

- **Wachstum:** Alle Partner unterstützen aktiv das Ziel, bis Ende 2006 das größte (virtuelle) Beratungsunternehmen im Facility Management in Deutschland zu sein. Hierfür unterstützen alle Partner FM-Connect.com in der Belegung aller Regionen mit aktiven Regionalkoordinatoren und fachkompetenten Partnerunternehmen, die alle benötigten Kompetenzen im Facility Management einschließlich der relevanten Kern- und Randbereiche bereitstellen. Die Partner sorgen für produktive Prozesse im Startup und in der Partnerschaft.

- **Ertragskraft:** Alle strategischen und operativen Ziele dienen der Sicherung einer langfristig stabilen Ertragskraft und Rendite für die Kunden und Partner bei Schaffung von Win-Win-Situationen, beispielsweise in der Projektierung, der Projektbearbeitung und dem aktiven Wissensmanagement.

Die Zusammenarbeit der Partnerunternehmen in Kundenprojekten wird in individuell vereinbarten Projektverträgen geregelt. Der Initiator bzw. das virtuelle Unternehmen FM-connect.com stellt Musterexemplare bereit.

Für den kommunikativen Austausch innerhalb des virtuellen Unternehmens findet einmal im Monat der so genannte „FM-Stammtisch" statt. Die Partnerunternehmen sind angehalten, aktiv an dem Stammtisch teilzunehmen und aktiv andere Interessenten zur Teilnahme einzuladen. Die Akzeptanz dieses Kommunikationsinstrumentes war zu Beginn sehr hoch, so dass der Stammtisch entsprechend gut besucht war. Im weiteren Verlauf hat das Interesse der Teilnahme abgenommen und es trifft sich in der Regel „ein harter Kern" der Partnerunternehmen.

Für den alltäglichen Austausch wird den Partnerunternehmen eine intranetbasierte Kommunikationsplattform angeboten. Die Plattform wird durch die beteiligten Unternehmen bislang jedoch nicht in dem erwarteten Maße genutzt. Zukünftig sollen daher die Kommunikationsprozesse innerhalb des virtuellen

Unternehmens näher analysiert werden, um die intranetbasierte Plattform im Hinblick auf die Nutzeranforderungen der Partnerunternehmen zu optimieren.

Das virtuelle Unternehmen FM-Connect.com ist offen für die Aufnahme weiterer Partnerunternehmen mit jeweils spezifischen FM-Dienstleistungsprofilen. Dabei soll jeder neue Partner sowohl fachlich als auch finanziell einen Beitrag zu dem Beratungs- und Ingenieurnetzwerk leisten und ebenso davon profitieren.

Für die Mitgliedschaft in FM-Connect.com zahlen die Partnerunternehmen an den Initiator im Durchschnitt ca. 200 EUR im Monat. Die Höhe des Partnerbeitrags ist abhängig von der jeweiligen Unternehmensgröße des Partners (Unternehmen bis zu fünf Beschäftigten, Unternehmen bis zu 20 Beschäftigten, Unternehmen mit über 20 Beschäftigten). Dafür profitieren die Partnerunternehmen von der gemeinsamen Wissensbasis[16], den in einer Adressdatenbank abrufbaren Kontakten sowie verschiedenen Marketingaktivitäten des virtuellen Unternehmens in der Region. Hierzu zählen beispielsweise die Bereitstellung einer professionell gestalteten Broschüre, die Aussendung von zielgruppenspezifischen Briefen an (potenzielle) Kunden, die Schaltung von regionalen und überregionalen Anzeigen, die Erstellung und Versendung des FM-Monatsbriefs jeweils zum Monatswechsel, die Einkaufsbündelung zur besseren Preisgestaltung sowie die Organisation von gemeinsamen Fach- und Kundenveranstaltungen. So werden ca. zweimal im Jahr kostenfreie FM-Informationstage mit ausgewählten Vorträgen durchgeführt, die von FM-Connect.com konzeptionell geplant und organisiert werden. Dabei ist ein FM-Informationstag in der Regel branchenspezifisch, der andere branchenneutral konzipiert. Hinzu kommt die Bereitstellung von ausgewählten Software-Tools einschließlich eines EDV-Supports für alle Partnerunternehmen von FM-connect.com. Ein Geschäftsbericht wird erstmals für das Geschäftsjahr 2006 gefertigt.

In den ersten beiden Geschäftjahren trat eine relativ hohe Fluktuation im Hinblick auf die Partnerunternehmen auf. Im Zuge des verbesserten wirtschaftlichen Erfolgs sowie der generierten Erfahrungswerte im Bereich der (virtuellen) Zusammenarbeit hat sich die Situation jedoch stabilisiert und die Partnerunternehmen sind weitgehend kontinuierlich mit dabei. Neue Partner haben grundsätzlich eine Probezeit von sechs Monaten. Gründe für eine Kündigung seitens FM-Connect.com sind unseriöses Verhalten, unzureichende Qualität in den Arbeitsergebnissen und/oder grobe Verstöße gegen die gemeinsamen Visionen, Leitlinien und Werte.

---

[16] Zur rationellen Projektunterstützung aller Partnerunternehmen werden von den Partnerunternehmen über den Initiator beispielsweise hilfreiche Fachdokumente bereitgestellt. Der Initiator von FM-Connect.com indiziert die Dokumente und bewertet sie zum Beispiel nach Informationsqualität und Umfang auf einem für alle Partnerunternehmen transparenten Wissenskonto im gemeinsamen Intranet.

Zu den besonderen Stärken des virtuellen Unternehmens FM-Connect.com zählen zusammenfassend

- die kostenfreie Vermittlung von Entwicklungslinien und Trends im sich sehr dynamisch entwickelnden Themengebiet Facility Management,
- die Sicherheit, auf alle in FM-Projekten auftauchenden Fragen auf unbürokratischem Wege im Partnernetz fundierte Antworten zu erhalten,
- die Möglichkeit, insbesondere für kleine Partnerunternehmen in den Erfahrungsaustausch mit anderen kleinen Unternehmen zu treten sowie dort auch adäquate „Urlaubsvertretungen" zu finden,
- auf Basis der verbindlichen Organisationsform eine verlässliche Qualitätssicherung für die Kunden bereitstellen zu können (Fehlgriffe sind einmalig, bei mehrmaligen Qualitätsmängeln wird eine Kündigung ausgesprochen) sowie
- die Kosten für die Verfügbarkeit des umfassenden, die eigenen Kompetenzen überschreitenden Wissens deutlich zu reduzieren.

Zu den Schwächen des virtuellen Unternehmens FM-Connect.com zählen zusammen fassend

- die bislang mangelnde Dokumentation und Zertifizierung der Prozesse (allerdings soll bis zum Ende des Jahres 2006 die Zertifizierung aller internen Prozesse des virtuellen Unternehmens erfolgen),
- ein bisher fehlendes Handbuch „So funktioniert unser virtuelles Unternehmen" für die Partnerunternehmen,
- die bislang fehlende Verfügbarkeit eines Justiziars innerhalb der Partnerunternehmen (weniger zur Klärung interner Konflikte, als vielmehr zur Stärkung des Kompetenzportfolios im Bereich Facility Management),
- die bislang nicht optimale Ausschöpfung der wirtschaftlichen Potentiale aufgrund einer zu starken Selektion der Kontakte bzw. eines nicht umfassenden Austauschs mit allen Partnern sowie
- das Erfordernis, aufgrund der hohen Anzahl der notwendigen Kompetenzen im Themengebiet Facility Management, der entsprechend hohen Anzahl erforderlicher Partner sowie der entsprechenden Wachstumsdynamik kontinuierlich, „Sozialexperimente" eingehen zu müssen.

6.5 Grenzüberschreitende Kooperationen: Europäische wirtschaftliche Interessenvereinigung (EWIV)

Viele virtuelle Unternehmen haben keine gemeinsame Gesellschaftsform, sondern bestehen aus rechtlich voneinander unabhängigen Unternehmenspartnern, die sich über das gemeinsame Handeln bzw. das gemeinsame Projekt als virtuelles Unternehmen definieren. Besteht die Geschäftsbeziehung zwischen den beteiligten Partnern nicht nur kurzfristig für Projekte, sondern entwickelt sich daraus ein systematisches Unternehmens- und Geschäftsmodell, so stellt sich früher oder später für die einzelnen Unternehmen die Frage, wer das gemeinsame virtuelle Unternehmen nach außen vertritt, wer für die Verbindlichkeiten gegenüber Dritten haftet und wer die Handlungsbefugnis innerhalb des virtuellen Unternehmens inne hat.

Die Wahl einer geeigneten Rechtsform für ein virtuelles Unternehmen ist abhängig vom Ziel und vom Zweck des Zusammenschlusses. Speziell für Unternehmen, die grenzüberschreitend mit anderen Unternehmen zusammenarbeiten, bietet sich die Möglichkeit an, eine Europäische wirtschaftliche Interessenvereinigung (EWIV)[17] zu gründen[18]. Im Rahmen der europäischen Gesellschaftsform der EWIV lassen sich beispielsweise gemeinsam Projekte oder ständige Unternehmenstätigkeiten durchführen, wo die beteiligten Unternehmen rechtlich selbständig bleiben und nur ihre Kernkompetenzen für die Zeit der gemeinsamen Projektdurchführung bzw. Tätigkeit einbringen.

Der Zweck der gemeinsamen Kooperation besteht darin, dass die beteiligten Partnerunternehmen gemeinsam einen Wettbewerbsvorteil (z. B. hinsichtlich Marktausdehnung, Markterreichung) gegenüber konkurrierenden Unternehmen erzielen, die nicht an einem virtuellen Unternehmensverbund beteiligt sind (Bieniek 2004, S. 84 f.). So besteht für einzelne Unternehmen in einer EWIV die Möglichkeit, auf gemeinsame Ressourcen, Referenzen und Fähigkeiten zurückzugreifen und Kosten zu teilen. Der breite Einsatz von IuK-Technologien ermöglicht es den Unternehmen, zeitlich und räumlich flexibel an gemeinsamen Projekten zusammenzuarbeiten. Das Ziel dieser ersten eigenständigen Gesellschaftsform des europäischen Rechts besteht folglich darin, die grenzüberschreitende Zusammenarbeit zwischen Unternehmen zu erleichtern und so den europäischen Binnenmarkt zu fördern (vgl. Kap. 4.2: Rechtsformen von virtuellen Unternehmen).

Obwohl die Gesellschaftsform EWIV seit mehr als 15 Jahren existiert, ist sie noch relativ unbekannt und in Deutschland weniger weit verbreitet als beispiels-

---

[17] engl. European Economic Interest Grouping (EEIG),
frz. Groupement européen d'intérêt économique (GEIE)
[18] Diese Rechtsform wird in der EU-Verordnung 2137/85 geregelt; diese kann in allen EU-Amtssprachen heruntergeladen werden (mit weiteren Informationen zur EWIV) unter www.libertas-institut.com (Europäisches EWIV-Informationszentrum).

weise in Frankreich und Belgien. Eine genaue Anzahl und eine offizielle Liste der Unternehmen mit der Gesellschaftsform EWIV sind in der Europäischen Union nicht bekannt. Das Europäische EWIV-Informationszentrum schätzt, dass es heute in Europa etwa 1.900 EWIV mit rund 14.000 Mitgliedern gibt. (EWIV-Informationszentrum 2005, S. 5) Statistisch erfasst sind bisher etwa 1.600 Unternehmen mit der Rechtsform EWIV. Das Europäische EWIV-Informationszentrum geht davon aus, dass es etwa 20 % mehr EWIV gibt als in der amtlichen Statistik registriert. Ein Grund dafür ist, dass es keine zentrale EU-Registrierstelle, sondern nur die nationalen Handelsregister und es auch nicht in allen EU-Ländern eine Meldepflicht für die europäische Gesellschaftsform der EWIV an das Amt für amtliche Veröffentlichungen der EU gibt (z. B. in Italien) bzw. diese nur lückenhaft befolgt wird. Liquidationen von EWIV gibt es in der gesamten EU ca. 10 %, in Deutschland ca. 7 % (vgl. Abbildung 6-1).

Dass die EWIV so unbekannt ist, hat verschiedene Gründe: EU-Recht ist selbst unter Juristen im Einzelnen relativ unbekannt, ferner erfordert die EWIV immer einen aus der EU, aber nicht aus dem Herkunftsland eines Mitglieds stammenden Partner. So gesehen, ist die EWIV von vornherein keine Konkurrenz etwa zur GmbH, sondern hat „natürliche Grenzen".

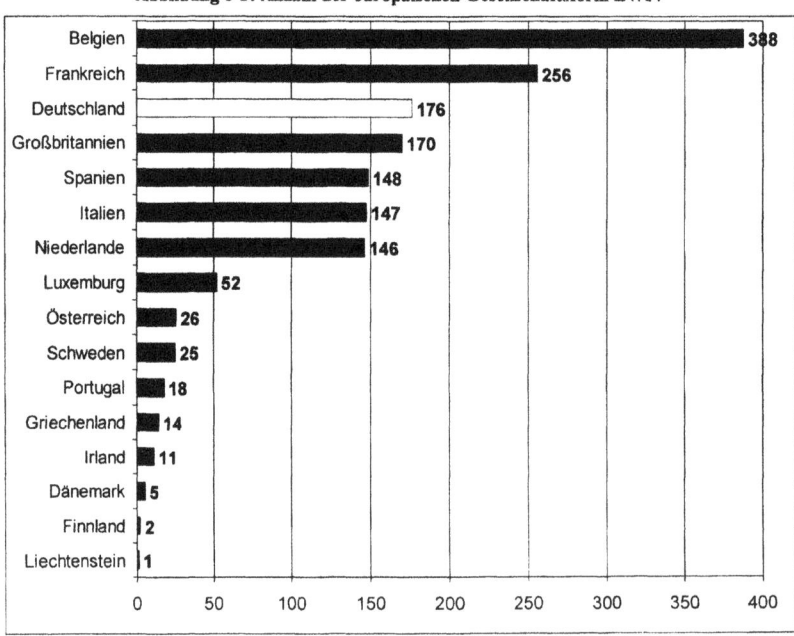

Abbildung 6-1: Anzahl der europäischen Gesellschaftsform EWIV

Quelle: Europäisches EWIV-Informationszentrum, bei: Libertas – Europäisches Institut GmbH, www.libertas-institut.com, Stand: 20.10.2005, Sindelfingen.

Die europäische Gesellschaftsform der EWIV war lange, seit 1989, die einzige Rechtsform des EU-Gesellschaftsrechts (heute gibt es auch die Europa-AG und die Europäische Genossenschaft, deren deutsches Anpassungsgesetz im Herbst 2006 vorliegen soll), die es Unternehmen ermöglicht, flexibel und unkompliziert zu gründen. Mitglieder einer EWIV sind meist kleine und mittlere eigenständige Unternehmen, die an gemeinsamen Projekten arbeiten (aber auch Universitäten, öffentlich-rechtliche Körperschaften oder große Unternehmen sind darunter). Der grenzüberschreitende Charakter einer EWIV zeigt sich darin, dass für deren Gründung mindestens zwei Mitglieder verschiedener Mitgliedsstaaten der EU angehören müssen. Die Mitglieder einer EWIV können verschiedenen Rechtsformen angehören (z. B. AG, GmbH, Freiberufler, Selbständige, e.V.).

Vor- und Nachteile der europäischen Gesellschaftsform EWIV

Im Rahmen des Forschungsprojektes „Erfolgsfaktoren virtueller Unternehmen (EVU)" wurden Fachgespräche mit verschiedenen EWIV-Experten und Multiplikatoren sowie Interviews mit Unternehmensverbünden, die eine EWIV gegründet haben, geführt. Basierend auf diesen zusammengetragenen Aussagen werden im Folgenden die wichtigsten Vor- und Nachteile aufgeführt.

Vorteile, die für die europäische Gesellschaftsform der EWIV sprechen, sind:

- Die Gründung einer EWIV ist im Vergleich zu anderen Rechtsformen sehr unkompliziert.
- Es ist kein Stammkapital für die Gründung erforderlich.
- Es bestehen steuerliche Vorteile, da weder Gewerbe- noch Körperschaftssteuer abgeführt werden müssen und – obwohl Gewinne nicht aufs Folgejahr übertragen werden können, sondern in der Regel an die Mitglieder ausbezahlt werden – Reserven (Rücklagen, Rückstellungen) gebildet werden dürfen.
- Die Mitglieder sind voll haftbar, so dass sie auch für Großkunden garantiefähig sind. Für die Kunden einer EWIV ist die volle Haftung der Mitglieder interessant, das strahlt Vertrauenswürdigkeit aus und bietet ihnen eine zusätzliche Sicherheit. Die Haftung kann vertragsmäßig eingeschränkt werden.
- Die Buchhaltung beschränkt sich in der Regel auf eine einfache Einnahme-/ Überschussrechnung und einen Jahresabschluss (nicht aber Steuerbilanz)
- Die Mitglieder bleiben weiterhin selbständig und in ihrer Rechtsform bestehen.
- Mitgliederversammlungen können unter Einbeziehung von modernen IuK-Technologien stattfinden und auch abstimmen, d. h. eine physische Anwesenheit der einzelnen Mitglieder ist nicht zwingend notwendig.
- Der Sitz einer EWIV kann – ohne Liquidation – innerhalb der EU jederzeit verlagert werden.

Nachteile, die gegen diese Rechtsform bei virtuellen Unternehmen sprechen sind:

- Die Rechtsform gibt es nur in Europa (Drittländer können jedoch assoziiert werden).
- Die EWIV kann Unsicherheiten hervorrufen, da sie teilweise in der EU, aber insbesondere auch in Drittländern noch unbekannt ist.
- Die gesamtschuldnerische und unbeschränkte Haftung kann ein Nachteil für die einzelnen Mitglieder sein (bei EWIV z. B. nur aus GmbHs haften jedoch nur diese).

- In Deutschland besteht ein Informations- und Beratungsdefizit hinsichtlich der europäischen Gesellschaftsform EWIV (z. B. bei Rechtsanwälten, IHKs, Wirtschaftsförderungen, Banken, Steuer- und Unternehmensberatern).

Die wohl prominentesten Beispiele für eine EWIV sind der Fernsehsender arte; auch der Flugzeughersteller Airbus war lange Zeit ein G.i.e., die französische Urform der EWIV. Aber auch in Deutschland gibt es ca. 176 Europäische wirtschaftliche Interessenvereinigungen, z. B. im Tourismus Allgäu-Tirol Vitales Land EWIV, EuroPart Unternehmensberater EWIV, European Information Technology Observatory (EITO) EEIG, die Architektur- und Regionalplanungsgruppe plan 4 21 EWIV, die Transportberater Transnord EWIV etc. Die hier aufgeführten Beispiele lassen schon erkennen, dass die Leistungsangebote von EWIVs ein sehr breites Spektrum aufweisen und über fast alle Marktsegmente gehen, u. a. juristische und unternehmerische Beratung, gemeinsamer Vertrieb oder Einkauf, Projektmanagement, Architektur, Tourismus etc.

Im Folgenden werden zwei Unternehmensverbünde mit der europäischen Gesellschaftsform der EWIV exemplarisch vorgestellt. Besonders hervorgehoben werden die Motive für die Gründung einer EWIV, die in der unternehmerischen Praxis gewonnenen Erfahrungen, Aspekte der Arbeits- und Unternehmensorganisation sowie die Fragestellung, welche Rahmenbedingungen verändert werden müssen, damit die europäische Gesellschaftsform der EWIV bekannter wird und stärker Anwendung in der deutschen Wirtschaft findet.

Beispiel: LCJ – Locatech Crossgap Jonckers EWIV

Ein Beispiel für eine grenzüberschreitende Unternehmenskooperation ist die Firma LCJ – Locatech CrossGap Jonckers EWIV.

Der europäische Unternehmensverbund LCJ EWIV wurde 1999 von der Locatech GmbH gemeinsam mit den Unternehmen CrossGap S.r.l. (Italien) und Jonckers Translation & Engineering s.a. (Belgien) gegründet und ist im Handelsregister Dortmund eingetragen. Neben den Gründungsmitgliedern ist im Jahr 2000 das ordentliche Mitglied Logoscript S.L. (Spanien) hinzugekommen.

Zweck der Verbindung ist die gemeinsame Koordination und Organisation großer Lokalisierungsprojekte und die Bündelung der dazu notwendigen Ressourcen. Die LCJ EWIV übernimmt für ihren amerikanische Hauptkunden Microsoft Corporation die Lokalisierung von Software, d. h. der europäische Unternehmensverbund übersetzt sämtliche Benutzertexte und das Handbuch in verschiedene Sprachen. Jedes Mitglied bringt als Kernkompetenz unterschiedliche Sprachkompetenzen ein, so dass für den Kunden die europäischen Hauptsprachen englisch, deutsch, italienisch, französisch und spanisch abgedeckt werden. Mittlerweile ist die LCJ durch die Ausweitung der Kompetenzen der Mitglieder in der Lage, nicht nur Europa, sondern auch Lateinamerika, Osteuropa und

Asien zu bedienen. Dabei wird nicht die EWIV selbst erweitert, sondern das Dienstleistungsspektrum wächst durch Weiterentwicklung der Mitglieder.

Die Idee, eine EWIV zu gründen, kam im Jahr 1998 auf, da es für die Partner des Unternehmensverbundes notwendig wurde, der Partnerschaft einen rechtlichen Rahmen zu geben. Eine gemeinsame Rechtsform war vor allem deshalb erforderlich, um Verträge mit den Auftraggebern zu schließen und Haftungsfragen gegenüber dem Kunden zu regeln. Allerdings wollten die Partner als Einzelunternehmen unabhängig und flexibel bleiben, um ihre nationalen Geschäfte weiterführen zu können und nur als Mitglieder bzw. Teilhaber eines gemeinsamen Unternehmensverbundes zu fungieren.

Locatech wurde auf den Internetseiten der Europäischen Union fündig: Die europäische Gesellschaftsform der EWIV entsprach genau den Anforderungen der einzelnen Partnerunternehmen. Als LCJ EWIV kann der Unternehmensverbund nach außen als eigenständiges Unternehmen auftreten – mit eigenem Unternehmensnamen und eigener Rechtsform. Der Unternehmensverbund selbst zeichnet sich durch sehr flache Hierarchien und einfache arbeitsorganisatorische Strukturen aus.

Seit dem Zusammenschluss als LCJ EWIV konnte der Umsatz des Netzwerkes jährlich um etwa 25 % gesteigert werden. Der Jahresumsatz lag 2005 bei ca. 22 Millionen Euro. Die Mitglieder der LCJ EWIV haben derzeit zusammen 160 Mitarbeiterinnen und Mitarbeiter, die LCJ zählt damit zu den größeren EWIV in Europa.

Der Koordinations- und Abstimmungsbedarf mit Kunden und Partnern erfolgt bei der LCJ EWIV zu mehr als 90 % auf Basis von IuK-Technologien, vor allem per E-Mail und per Telefon. Außerdem haben die Partner Zugang zu einem firmeneigenen Intranet. Der Einsatz von IuK-Technologien ermöglicht es den angeschlossenen Unternehmen, die Arbeitsprozesse flexibel zu organisieren und fördert dezentrale Formen der Zusammenarbeit sowie eine stärkere Arbeitsteilung. Dennoch ist es auch für die LCJ EWIV von großer Bedeutung, dass eine Face-to-Face-Kommunikation regelmäßig stattfindet. Bei der Gründung der LCJ EWIV wurde festgelegt, dass sich alle Mitglieder zweimal im Jahr zu einer allgemeinen Hauptversammlung treffen. Zwei bis viermal im Jahr finden Meetings statt, wo sich alle Partner über unmittelbar anstehende Aufgaben sowie längerfristige Ziele abstimmen. Für diese Aufgabe hat jeder Partner einen Vertreter, der für die eigene Firma stimmen und reden kann. Projekttreffen finden nach Bedarf statt. Treten Probleme auf, die schwieriger sind und ggf. eskalieren könnten, treffen sich die Projektbeteiligten zur Findung einer gemeinsamen Lösung auch häufiger.

Bei vielen EWIV ist es verbreitet, dass über die EWIV nicht nur die Erstellung und Vermarktung des gemeinsamen Produktes abgewickelt werden, sondern auch andere Leistungen, beispielsweise Vertrieb, Beschaffung, Forschung und

Entwicklung. Bei der LCJ EWIV werden die Leistungen Vertrieb, Beschaffung, Einkauf, Verkauf und Projektsteuerung gemeinsam durchgeführt. Die Steuerung, Verantwortung und Koordination von LCJ-Projekten übernimmt immer eine Person aus dem Mitgliedsunternehmen für die gesamte Projektlaufzeit.

Europäische und globale Kooperationen von Unternehmen erfordern von den Mitarbeiterinnen und Mitarbeitern interkulturelles, interdisziplinäres und kreatives Denken. Gerade bei EWIV spielen Sprachkenntnisse und der Umgang mit anderen Kulturen eine wichtige Rolle, dazu gehören u. a. die Offenheit gegenüber anderen Einstellungen, Motivationen, kulturellen Auffassungen und Wahrnehmungen in den traditionellen Kulturen.

Kulturelle Besonderheiten müssen nicht mit dem Einsatz moderner Technologien verloren gehen. In vielen Bereichen gibt es zwar Vereinheitlichungen, aber die Veränderungen führen auch zu noch größeren Unterschieden führen, da jede Kultur anders mit Neuem umgeht. Unternehmen, die grenzüberschreitend mit anderen Unternehmen kooperieren, sollten daher ihre Geschäftstätigkeit an das jeweilige kulturelle Umfeld anpassen.

LCJ EWIV ist in ihrer täglichen Arbeit mit landesspezifischen kulturellen Unterschieden konfrontiert. Die unterschiedlichen Nationalitäten der einzelnen Partnerunternehmen sind eine Herausforderung für die Mitarbeiterinnen und Mitarbeiter, machen das Arbeiten einerseits interessanter und andererseits auch schwieriger. Da aber die meisten Projektbeteiligten viele Erfahrungen im Umgang mit unterschiedlichen Kulturen haben und schon lange im internationalen Geschäft tätig sind, gibt es in dieser Hinsicht keine größeren Probleme.

Für das Management und die Koordination ist es sehr anspruchsvoll, eine Partnerschaft von vier Unternehmen aus verschiedenen Ländern dauerhaft für Projekte zusammenzuhalten. Größere Schwierigkeiten liegen darin begründet, dass es sich nicht um eine Zusammenarbeit von einzelnen Personen handelt, sondern ganze Unternehmen zusammengeschlossen sind. Gleichwohl führt die LCJ EWIV seit vielen Jahren erfolgreiche Projekte durch.

Die europäische Rechtsform der EWIV wird für eine bestimmte Unternehmensphase als eine zukunftsfähige Rechtsform eingeschätzt. Nach einer sehr erfolgreichen Zeit als EWIV interessiert sich der Unternehmensverbund LCJ EWIV für die europäische AG. Die europäische AG ermöglicht es stabiler, größer und finanziell anders ausgestattet aufzutreten, allerdings dann auch unter Aufgabe der bisherigen Unabhängigkeit der Mitglieder.

Beispiel: Koch & Freiter EWIV

Koch & Freiter EWIV besteht aus zwei Partnern, aus der Schreinerei von Bernd Freiter aus Thimister-Clermont in Belgien und aus der Möbelschreinerei Andreas Koch aus Vaals in den Niederlanden. In ihrer Arbeitsweise verbindet der grenzüberschreitende Unternehmensverbund traditionelles Handwerk mit moderner Technologie. Koch & Freiter EWIV arbeitet eng mit gewerblichen Kunden und Einrichtern zusammen. Zum Produktangebot zählen Möbel, Empfangsbereiche und Präsentationsmöbel, Ladeneinrichtungen und Gastronomieeinrichtungen sowie der Ausstellungsbau.

Die beiden Unternehmen arbeiten seit vielen Jahren sehr gut und erfolgreich zusammen. Aus einem spontanen Bündnis entwickelte sich mit der Zeit eine dauerhafte Zusammenarbeit und mit der zunehmenden Anzahl an gemeinsamen Aufträgen wurde eine gemeinsame Rechtsform notwendig. Aus den verschiedenen Unternehmensstandorten heraus – Niederlande und Belgien – bot sich die europäische Rechtsform EWIV sehr gut an. Außerdem konnten beide Unternehmen aus verschiedenen Ländern ihre Eigenständigkeit bewahren.

Im September 2000 wurde die Europäische Wirtschaftliche Interessenvereinigung Koch & Freiter gegründet. Seitdem treten beide Unternehmen unter dem Dach EWIV auf und arbeiten vor allem für Kunden aus den Niederlanden, Belgien und Deutschland. Derzeit hat die EWIV fünf Mitarbeiterinnen und Mitarbeiter, darunter zwei Auszubildende[19]. Darüber hinaus kooperieren sie sehr viel als Koch & Freiter EWIV mit anderen Unternehmen in ganz Europa. Die Werkstatt befindet sich im belgischen Thimister-Clermont und das Büro im niederländischen Vaals.

Geplant war, dass die EWIV eine Art gemeinsames Aushängeschild sein soll. Im Laufe der Zeit hat sich mehr daraus entwickelt: Die EWIV beschäftigt heute Angestellte verschiedener Gewerbe, ebenfalls werden Marketing, Beschaffung, Anfertigung und Vertrieb über die EWIV abgewickelt. Die Produkte werden gemeinsam angefertigt und anschließend verkauft. Außerdem wickelt jedes Unternehmen noch seine eigenen Aufträge ab, der Großteil läuft allerdings über die EWIV. Für die Kunden und Lieferanten ist es einfacher, wenn sie nur einen Ansprechpartner haben oder nur eine Rechnung bekommen.

Da die Koch & Freiter EWIV mit nur zwei Unternehmen zu den kleineren EWIV gehört, laufen viele Vereinbarungen und große Teile der Kommunikation auf informellem Wege. In der Satzung sind wichtige Eckdaten verankert, aber generell sind keine niedergeschriebenen detaillierte Regelwerke oder Prinzipien vorhanden.

---

[19] Derzeit bildet Koch & Freiter EWIV die zweite Frau zur Schreinerin aus.

Dem persönlichen Treffen mit kurzfristigen Projektpartnern wird seitens Koch & Freiter EWIV keine große Bedeutung eingeräumt. Die Kommunikation auf Basis von IuK-Technologien – vorwiegend per E-Mail oder Telefon sowie mittels eines firmeneigenen Intranet – funktioniert bislang sehr gut. Entsteht aus der einmaligen Kooperation jedoch eine längere oder sogar dauerhafte Zusammenarbeit, wird ein physisches Treffen als sehr nützlich angesehen, da so ein engeres Vertrauensverhältnis aufgebaut werden kann als „nur" mittels Kommunikationstechnik.

Die Kooperation mit anderen Unternehmen verläuft meistens sehr partnerschaftlich. Vorwiegend handelt es sich um Unternehmen, mit denen die Koch & Freiter EWIV schon seit längerem zusammenarbeitet. Aufgrund des guten Vertrauensverhältnisses ist es möglich, sehr gut und sehr schnell zu kommunizieren. Moderne IuK-Technologien sind dabei eine große Erleichterung, da so Medienbrüche verhindert werden und sich die meisten Arbeitsabläufe elektronisch abbilden lassen. Beispielsweise können Baupläne elektronisch empfangen, bearbeitet und an den nächsten Partner per E-Mail weitergeleitet werden.

Grundsätzlich ist Koch & Freiter EWIV mit der Gründung der EWIV zufrieden, obwohl sie anfangs mit einigen Schwierigkeiten zu kämpfen hatten. Die EWIV bedeutete zu Beginn einen zusätzlichen Aufwand und ist im Bereich Handwerk eher unüblich. Die Rechtsform ist stärker verbreitet in den Tätigkeitsbereichen der Unternehmensberatung, IT und Softwareentwicklung, bei Rechtsanwälten und Architekten. Auch war es nach den Erfahrungen der Koch & Freiter EWIV nicht einfach, die Zuständigkeiten und die möglichen Fördermöglichkeiten zu erfahren.

Erfolgsfaktoren

Die Erfolgsfaktoren der europäischen Rechtsform der EWIV sind vergleichbar bzw. ähnlich wie bei „normalen" Kooperationen bzw. virtuellen Unternehmensverbünden:

- Sehr wichtig ist, dass die Vertrauensbasis zwischen den Projektbeteiligten stimmt. Dafür ist allerdings eine regelmäßige Face-to-Face-Kommunikation nicht zwingend notwendig.
- Von großer Bedeutung ist der Start einer Kooperation. Wichtig ist hierbei, dass ein guter Kick-off stattfindet, dass ein gemeinsames Commitment gefunden wird und dass die Ziele des Projektes klar formuliert und für alle Projektbeteiligten transparent sind.
- Die Abstimmung auf operativer Ebene sowie die Koordination des virtuellen Unternehmens sollte gut funktionieren sowie auf Verlässlichkeit beruhen. Beispielsweise ist der Umgang mit E-Mails sehr unterschiedlich, weshalb eine klare Abstimmung zu Projektbeginn

spätere Missverständnisse bzw. Konflikte unter den Projektbeteiligten vermeiden kann.

- Die Aufgaben eines virtuellen Unternehmens sollten möglichst klar von den Kernkompetenzen der beteiligten Unternehmen abgrenzbar sein.

Defizite und Handlungsfelder

- In Deutschland gibt es hinsichtlich Information und Beratung zur europäischen Gesellschaftsform der EWIV größere Defizite. Es gibt nur wenig inhaltliche Unterstützung für Unternehmen, die vorhaben eine EWIV zu gründen bzw. als eine EWIV tätig sind.

- Ein Handlungsbedarf besteht darin, dass Steuerberater, Rechtsanwälte, Multiplikatoren, staatliche und halbstaatliche Einrichtungen zum Thema EWIV umfassend weitergebildet werden müssen – ebenfalls Wirtschaftsförderungsgesellschaften, Wirtschaftsprüfer, Kammern, Steuerberater.

- IHKs sollten die europäische Gesellschaftsform der EWIV in das Beratungs- und Informationsportfolio mit aufnehmen und nicht wie bislang nur die in Deutschland üblichen Rechtsformen beraten, z. B. GmbH, AG, KG. Beim Vorstellen möglicher Instrumente zur grenzüberschreitenden Zusammenarbeit darf die Rechtsform EWIV als Kooperationsform nicht fehlen.

- Des Weiteren sollten die verschiedenen Beratungseinrichtungen in Zukunft stärker miteinander vernetzt und auch im Internet verlinkt werden. Auch muss die europäische Gesellschaftsform der EWIV stärker bei den Online-Beratungsangeboten präsent sein.

- Um den Bekanntheitsgrad der EWIV zu erhöhen und auch zur Gründung von EWIV zu ermuntern, ist es notwendig, dass die Rechtsform EWIV in alle nationalen und internationalen Ausschreibungsunterlagen eingebunden wird. Seit 1997 existiert so z. B. eine Mitteilung der EU-Kommission, wonach EWIV im öffentlichen Auftragswesen und bei öffentlich geförderten Programmen nicht diskriminiert werden darf.

- Die EWIV sollte mittels Kooperationsbörsen im Internet, auf Messen und Kongressen stärker bekannt gemacht werden, um als mögliche Kooperations- und Rechtsform von den Unternehmen auch wahrgenommen zu werden.

6.6 Fazit

Nachfolgend werden die wesentlichen Ergebnisse in Bezug auf die Arbeitsgestaltung in virtuellen Unternehmen zusammengefasst. Die dargestellten Resultate basieren auf den vorab vorgestellten nationalen und internationalen Fallstudien sowie Fachgesprächen mit Unternehmerinnen und Unternehmern aus virtuellen Unternehmen.

Betrachtet werden die rechtliche Gestaltung der Zusammenarbeit, die Modelle des räumlich verteilten Arbeitens, die Kommunikationsformen innerhalb des Unternehmens und nach außen sowie die spezifischen Kompetenzen der Tätigen in virtuellen Unternehmen.

Die Fallbeispiele zeigen die Bandbreite der vertraglichen Zusammenarbeit innerhalb virtueller Unternehmen. In der Regel handelt es sich um rechtlich unabhängig voneinander arbeitende Einzelunternehmen bzw. -personen, die Aufträge über das virtuelle Unternehmen bearbeiten. Dabei variiert der Umsatz, der über das virtuelle Unternehmen erwirtschaftet wird von Unternehmen zu Unternehmen. So werden in Einzelfällen bis zu 100 % des Umsatzes über das virtuelle Unternehmen erwirtschaftet. Hinsichtlich der vertraglichen Gestaltung der Zusammenarbeit innerhalb des virtuellen Unternehmens lassen sich verschiedene Muster erkennen: Im Falle eines Auftrags werden temporär zwischen den beteiligten Partnern Verträge (z. B. Unteraufträge) abgeschlossen, die die entsprechenden Leistungen beinhalten. Andere virtuelle Unternehmen haben dauerhafte vertragliche Bindungen, die verbindliche Regeln (z. B. Gebühren) für die Zusammenarbeit im virtuellen Unternehmen enthalten. Neben formal festgelegten Regeln sind auch gemeinsame Leitbilder und Werte, die den ethischen Rahmen für ein virtuelles Unternehmen abstecken, durchaus üblich.

Gegenüber dem Kunden sind Verträge zwischen dem virtuellen Unternehmen als Leistungserbringer selbstverständlich. Meist tritt dabei das virtuelle Unternehmen als alleiniger und einheitlich wirkender Vertragspartner auf. In seltenen Fällen sind alle beteiligten Einzelunternehmen bzw. -personen des virtuellen Unternehmens gegenüber dem Kunden als Vertragspartner aufgeführt.

Ein wesentliches Kennzeichen virtueller Unternehmen ist die räumlich verteilte Arbeit. Muster oder typische Formen lassen sich aus den untersuchten Beispielen allerdings nicht ableiten. Die Fallstudien zeigen praktisch alle aktuellen Formen der räumlich verteilten Arbeit. So sind neben einer regionalen Konzentration der Unternehmen durchaus auch länderübergreifende Formen der Zusammenarbeit vorzufinden. Tendenziell ist es sicher so, dass eine räumliche Nähe der häufigere Fall ist, wobei der Einsatz von IuK-Technologien den Raum für mögliche Kooperationspartner schrumpfen lässt.

Ähnliches gilt auch für die Bedeutung eines gemeinsamen Arbeitsortes. Verzichten einige virtuelle Unternehmen gänzlich auf die Nutzung eines gemeinsamen Arbeitsortes, leisten sich andere ein flexibles Büro, welches für einen Teil der Partner einen temporären Arbeitsplatz bietet. Verbindend für alle virtuellen Unternehmen ist die Motivation, durch den Verzicht auf einen festen Arbeitsplatz für alle Partner die Betriebskosten so gering wie möglich zu halten.

Ein wesentlicher Aspekt, der mit der räumlich verteilten Arbeit zusammenhängt, ist die Gestaltung der Kommunikation innerhalb der virtuellen Unternehmen und gegenüber dem Kunden. Deutlich wird, dass sich sehr unterschiedliche technische Lösungen und Nutzungsformen identifizieren lassen. Verbindendes zwischen den Fallbeispielen ist eher selten. Prägend ist vor allem eine Vielfalt an Kommunikationsformen. Der kleinste gemeinsame Nenner ist sicherlich die intensive Nutzung der IuK-Technologien (Rechnernetzwerke, Dokument-Management Systeme, Knowledge-Management-Systeme, Telefon- und Videokonferenzsysteme, E-Mail) wobei sich die virtuellen Unternehmen dabei nicht unbedingt von anderen Unternehmen wissensintensiver Dienstleistungen unterscheiden.

Bemerkenswert ist die hohe Bedeutung, die bei einigen Beispielen dem E-Mail-Austausch beigemessen wird. So dient er nicht nur der reinen Informationsvermittlung, sondern gleichzeitig als schriftliches Kontrollinstrument für gemeinsame Beschlüsse, Arbeitsaufträge, Termine etc. Es werden z. B. auch telefonisch gefasste Beschlüsse ggf. noch mal als E-Mail bestätigt, um so eine hohe Verbindlichkeit herzustellen.

Vielfach diskutiert in der Debatte um virtuelle Unternehmen ist die Bedeutung der sog. Face-to-face-Kommunikation. Auch in den untersuchten Beispielen lassen sich sehr unterschiedliche Einschätzungen zu dem Thema finden. Während z. T. fast gänzlich darauf verzichtet wird, kommen andere Unternehmer zu dem Schluss, dass sie ein unabdingbarer Bestandteil der Kommunikationskultur sein muss. Verbindend ist bei allen Beispielen die Tatsache, dass ein hohes Maß an Vertrauen zwischen den Partnern (und Kunden) herrschen muss, um eine erfolgreiche Zusammenarbeit und Auftragsabwicklung gewährleisten zu können. Als „vertrauensbildende Maßnahme" wird z. B. ein Stammtisch eingerichtet, der dem besseren Kennen lernen der beteiligten Partner dienen soll.

Ausschlaggebend für die Kommunikation mit dem Kunden ist das angebotene Produkt oder die Dienstleistung des virtuellen Unternehmens. Consulting-Angebote sind (naturgemäß) mit einem intensiveren und direkteren Kontakt zum Kunden verbunden. Eine Substitution durch Internettechnologie scheint hier nur begrenzt möglich. In einem anderen Fall werden Softwarelösungen für die Kunden produziert. Dies erfordert einen seltenen direkten Kontakt mit dem Auftraggeber und der überwiegende Teil der Kommunikation wird via E-Mail und Telefon absolviert. Allen Unternehmen gemeinsam ist der Anspruch, dass der Kunde das Gefühl haben muss, es mit einem „normalen" Unternehmen zu tun zu haben und durch die virtuelle Struktur keine Nachteile in Kauf nehmen zu müssen. Das heißt, dass feste Ansprechpartner und eine hohe Verbindlichkeit wesentliche Erfolgsfaktoren sind.

Basisvoraussetzungen für eine Tätigkeit in einem virtuellen Unternehmen sind neben der reinen fachlichen Qualifikation die so genannten Soft Skills, also Teamfähigkeit, Kommunikationsvermögen, Selbstständiges Arbeiten und eine hohe Flexibilität.

Hier ist vor allem die Fähigkeit der Selbstorganisation und Selbstmotivation zu betonen. Dies unterscheidet Unternehmer virtueller Verbünde nicht wesentlich von anderen Selbstständigen, ist aber trotzdem bemerkenswert, da die Arbeit in virtuellen Unternehmen häufig durch einen erhöhten Anteil an sozial isolierter Tätigkeit geprägt ist. Ebenso bedeutend ist das hohe Maß an Flexibilität, welches durch die Partner in virtuellen Unternehmen aufgebracht werden muss. Dies bezieht sich sowohl auf die Fähigkeit, zeitlich flexibel zu agieren als auch auf immer wieder neue Herausforderungen einzustellen. Letztendlich ist der Umgang mit IuK-Technologien eine Selbstverständlichkeit und muss nicht nur in der technischen Anwendung beherrscht werden, sondern ebenso in der richtigen sprachlichen Ausdrucksform.

Hinsichtlich der Rechtsform EWIV lässt sich festhalten, dass die nach wie vor recht unbekannte und – im Vergleich zu anderen Rechtsformen – wenig genutzte EWIV eine sehr gute Möglichkeit für kleine und mittlere Unternehmen zur Zusammenarbeit darstellt, die grenzüberschreitend in Europa tätig sein wollen. Die europäische Gesellschaftsform der EWIV kann eine optimale Rechtsform für solche virtuelle Unternehmen sein, die längerfristig bzw. dauerhaft auf dem europäischen Markt grenzüberschreitende Projektarbeit durchführen. Diese Unternehmen haben mittels der EWIV sehr gute Möglichkeiten, ihre Wirtschaftsbeziehungen zu anderen europäischen Partnern stabil aufzubauen.

Die unkomplizierte Gründung und die flexible Anwendung der EWIV werden als große Vorteile gesehen. Weitere Gründe, die für eine EWIV sprechen, sind einerseits die extrem unbürokratische Handhabung, da der Gesetzgeber nicht einengend reguliert (die gesamte EU-VO hat nur ca. 40 Artikel!). Andererseits können Hauptversammlungen auch webbasiert bzw. mit Hilfe von IuK-Technologien durchgeführt werden, da eine physische Anwesenheit aller EWIV-Mitglieder nicht zwingend notwendig ist.

Besteht das virtuelle Unternehmen lediglich zur Durchführung eines Projektes, eignen sich möglicherweise jedoch andere Formen der rechtlichen Zusammenarbeit, z. B. die ARGE (Arbeitsgemeinschaft) oder Gesellschaft des bürgerlichen Rechts, besser als die EWIV, da bei deren Gründung ein Eintrag ins Handelsregister nötig ist (vgl. Bieniek 2004, S. 86).

7 Virtuelle Unternehmen – Entwicklungsperspektiven und Szenarien

7.1 Einleitung und Methodik

Szenarien[20] dienen grundsätzlich der Darstellung alternativer Entwicklungswege und möglicher alternativer zukünftiger Zustände (Zukünfte). Im Gegensatz aber zu Prognosen und Trendanalysen betrachten sie nicht nur wahrscheinliche und mögliche Zukünfte unter dem Blickwinkel derzeit gegebener Rahmenbedingungen und Orientierung, sondern können auch wünschbare Zukünfte durch den Blick aus der Zukunft auf das Heute zurück wenden. Indem die Szenarien ein in sich konsistentes Bild schaffen, das auf seine Wünschbarkeit hin zur Diskussion gestellt werden kann, schaffen sie die Basis für politische Gestaltung: Nicht mehr die Frage, was wahrscheinlich ist, bestimmt dann das Handeln, sondern die Frage, was möglich gemacht werden muss, um positive wünschbare Visionen, wie sie in den Szenarien abgebildet werden, Wirklichkeit werden zu lassen (Trapp 2001a, S. 5; Kreibich/ Sohr 2002, S. 10). Damit tragen Szenarien zur Entscheidungsfindung in einem teilweise unbekannten, unsicheren und sich ändernden Umfeld bei. Darüber hinaus können sie helfen, Leitbilder und Zielvorstellungen zu identifizieren oder zu verdeutlichen, alternative Entwicklungspfade herauszuarbeiten und zu beschreiben sowie Entscheidungspunkte und Handlungsmöglichkeiten zu ermitteln (Steinmüller 1997, S. 49). Prognosen leisten dies nicht, fehlen ihnen doch die normativen Komponenten, die aktives Handeln und Gestalten in besonderer Weise bestimmen (Trapp 2000, S. 11).

In diesem Projekt wurden ein Trendszenario sowie ein Wunschszenario erarbeitet, die beide als Zeithorizont das Jahr 2015 haben. Mithilfe der Szenarien sollte herausgearbeitet werden, welche Bedingungen für die (positive) Entwicklung virtueller Unternehmen relevant sind und wo ggf. gezielte Unterstützungsmöglichkeiten und -notwendigkeiten für virtuelle Unternehmen bestehen. Die Szenarien dienen als Ergänzung zu den empirischen Bausteinen wie z. B. den Fallstudien oder der Unternehmensbefragung und liefern eine erweiterte Perspektive auf virtuelle Unternehmen. Im Vordergrund stehen also nicht mehr die aktuelle und konkrete Unternehmensgestaltung sondern die möglichen und wünschbaren Zukünfte virtueller Unternehmen.

Im **Trendszenario** werden die derzeit relevanten Trends extrapoliert und ein Zukunftsbild dargestellt, das das *wahrscheinliche* gesellschaftliche und technische Umfeld virtueller Unternehmen beschreibt. Weiterhin werden Aussagen zur Gründung und Verbreitung, zu prädestinierten Branchen und zur Internationali-

---

[20] Zu den Grundlagen, den Anforderungen und zur Wissenschaftlichkeit der Szenariotechnik siehe Steinmüller 1997, Kap. 7.1.

sierung von virtuellen Unternehmen sowie zu den Kompetenzen und Erwerbsbiographien der Menschen in virtuellen Unternehmen getroffen.

Im **Wunschszenario** wird ein möglichst *optimales* gesellschaftliches und technisches Umfeld virtueller Unternehmen entworfen. Darüber hinaus wird entsprechend den Kategorien des Trendszenarios (Gründung und Verbreitung, Branchen und Internationalisierung, Kompetenzen und Erwerbsbiographien) ein Bild bestmöglicher Bedingungen für die Unternehmensentwicklung entworfen.

Die Szenarioentwicklung folgt der erprobten Vorgehensweise bei narrativen Szenarien. Auf einem internen Workshop des Projektteams wurden die inhaltlichen Grundlagen der Szenarien geschaffen. Ausgangspunkt war die Identifikation von Trends mittels Mindmap, die anhand der Steep-Kategorien (Social, Technological, Environmental, Economical, Political) systematisiert wurden. Aus den Trends wurden durch Impact-Analyse die Schlüsselfaktoren/Prämissen für das Trendszenario herausgearbeitet. Für das Wunschszenario wurden diese Prämissen positiv gewendet, um möglichst günstige Rahmenbedingungen für die Entwicklung virtueller Unternehmen im Jahr 2015 zu beschreiben. Im eigentlichen Scenario-Writing wurden die Szenarien dann ausformuliert, im Projektteam diskutiert und ergänzt.

7.2 Trendszenario: das virtuelle Unternehmen im Jahr 2015

Prämissen für das Trendszenario

Virtuelle Unternehmen haben sich aus einer Reihe gravierender gesellschaftlicher Veränderungen und Trends heraus entwickelt, deren Auswirkungen in allen gesellschaftlichen Bereichen zu finden sind. Gegenwärtig ist der Übergang von der Industrie- zur Wissenschafts- oder Wissensgesellschaft in fortgeschrittenem Stadium zu beobachten sowie die Tertiärisierung der Wirtschaft (Kreibich 1986).

Politische Rahmenbedingungen

Im Jahr 2015 ist die politische Situation in Deutschland nach wie vor von der Bemühung um Reformen geprägt und kann weitestgehend mit einem „Muddling Through" beschrieben werden. Dabei besteht eine der großen Aufgaben im Umbau der Sozialsysteme. Finanzierungsmodelle von Rente und Gesundheit werden schrittweise verändert, hin zu mehr Eigenbeteiligung und sinkendem Anspruch für den Einzelnen bei gleichzeitiger Erhöhung des Rentenalters und der Beiträge. Auf die Agenda 2010 folgt eine Agenda 2020 und Politiker hangeln sich von Etappe zu Etappe, aus Angst davor, die Gesellschaft und damit verbunden auch die eigenen Institutionen, Ressorts und Befugnisse radikal erneuern zu müssen.

Der Staat versucht weiterhin, sich selbst von sozialen Leistungen und Funktionen z. B. in der Gesundheits- und Pflegeversorgung zu entbinden, ebenso wie die Kirchen ihr finanzielles Engagement drastisch reduzieren. Der Privatisierungstrend hat sich weiter fortgesetzt, was in staatlich subventionierten Bereichen wie beispielsweise Bildungseinrichtungen zu weiteren erheblichen Einschnitten führt.

Europa ist weiterhin ein Vielstaatengebilde, welches sich in den letzten zehn Jahren weiter in Richtung Osteuropa ausgedehnt hat. Die Staatenunion verfügt über eigene Institutionen und mittlerweile auch Ämter, die die nach wie vor souveränen Einzelstaaten repräsentieren und gemeinschaftlichen Entscheidungsfindung unterstehen. Diese Weiterführung der politischen Einheit hat zu einer stärker praktizierten Europapolitik geführt. Rechtlich hat sich der Bereich von Urheberrecht und Patentschutz infolge des zunehmenden Drucks und der Unübersichtlichkeit der Internetkriminalität weiter ausdifferenziert, was nicht nur eindeutige Rechtssicherheit bzgl. der Verwertung formaler Eigentumsrechte geschaffen hat, sondern zugleich einen kreativeren und sicheren Umgang mit Ideenbildung und Forschung bewirkte. Medien und Politik sind als Ressorts 2015 stark miteinander verflochten. Der Polittalk hat als Instrument zur politischen Meinungsbildung und zur Wahlkampfpräsentation weiter zugenommen. Die Medien werden in ihrer Rolle als „Politik- und Meinungsmacher" dadurch bestärkt, dass das Wählervolk beginnt, sich ausschließlich auf Fernsehdebatten und Internetkommunikation zu konzentrieren.

Veränderungen auf dem Arbeitsmarkt

Die Spaltung der Arbeitswelt hat sich im Zuge der zunehmenden Flexibilisierungsansprüche der Wirtschaft im weltweiten Standortwettbewerb und der fortschreitenden Mobilitätsansprüche der Unternehmen bzw. der Unternehmer und Manager an ihre Mitarbeiter fortgesetzt: Einer kleinen Zahl gut verdienender und sich selbst sozial absichernder Nutznießer ihrer Dispositionen – zumeist junge, sozial, familiär und auch wirtschaftlich ungebundene bzw. alt-etablierte Männer und (wenige) Frauen – steht eine immer größere Zahl von Menschen gegenüber, die aufgrund ihrer Kompetenzen und ihres Lernvermögens bzw. ihrer sozialen Einbettung und Verpflichtungen diese Flexibilität und Mobilität nicht aufbringen können oder wollen. Die Arbeitswelt erscheint ihnen wie ein Moloch, der zwar ihre gesamte Lebenswelt dominiert, auf den sie aber keinen Einfluss nehmen können.

Der früher kennzeichnende „Mittelstand", die Gruppe abhängig Beschäftigter oder kleiner Unternehmer, die wirtschaftlich stabil und sozial gesichert das Gros der Gesellschaft umfasst, ist so gut wie verschwunden. Dafür ist eine neue Gruppe Selbstständiger entstanden, die versucht, durch eigene Unternehmertätigkeit der so empfundenen Willkür des Arbeitsmarktes entgegenzutreten: Neben den Unternehmern aus Berufung und jenen qua Vererbung findet sich eine immer größere Zahl, die das Unternehmertum als Alternative zur Arbeitnehmerschaft versteht. Es nimmt aber auch die Zahl der Unternehmer zu, die mangels Alternative die Selbstständigkeit versuchen.

Der schon vor über 20 Jahren propagierte Selbstunternehmer, auch Arbeitskraftunternehmer genannt, der seine Arbeitskraft als Ware versteht und vermarktet, ist zum Normalfall derjenigen geworden, die sich auf dem Arbeitsmarkt behaupten und sich nicht nur von Job zu Job, von Beschäftigung zu Beschäftigung, von Einkommen A zu Einkommen B hangeln. Denn die Öffnung der Arbeitsmarktordnung hat die Erwerbsarbeit ihrer identitätsstiftenden Bedeutung für die Gesellschaft enthoben und auf ihre wirtschaftliche Funktion reduziert: Ein Produktionsfaktor, der Kosten verursacht, und – angesichts der zunehmenden Diskrepanz zwischen Vermögens- und Arbeitseinkünften – immer weniger Quelle von Kaufkraft ist. Konsequent wird Arbeitskraft deshalb von Unternehmen wie jede andere Ware auch nur noch bei Bedarf eingekauft, das früher amüsiert-bedauernd betrachtete Job-Hopping ist für Arbeitnehmer mittlerweile ein Muss.

Der forcierte Ausbau des Niedrig- und Leichtlohnsektors hat zusammen mit den staatlich subventionierten Arbeitsbeschaffungsprojekten zwar neue Beschäftigungsmöglichkeiten für nicht und gering qualifizierte Arbeitskräfte gebracht, der damit in Gang gesetzte Arbeitskostenwettbewerb innerhalb einer Branche aber gleichzeitig eine Lohndumping-Spirale geöffnet, die auch in Deutschland eine Gruppe der Working-Poor hat entstehen lassen.

Informations- und Kommunikationstechnologien[21]

Veränderungen des Kommunikations- und Arbeitsmarktes sowie neue gesellschaftliche Trends haben die Weiterentwicklung des Internets in den Jahren bis 2015 beschleunigt. Unified Communication, Mobile Multimedia und Grid Computing, noch als Schlagworte in der Zeit um 2005, befinden sich zunehmend in der Anwendung.

Auch sind die Komponenten der IuK-Technologien immer kleiner und damit portabler geworden, so dass eine zunehmende Integration in andere Geräte und Gegenstände des täglichen Gebrauchs („Smart Objects") erfolgt. Die Komponenten sind miteinander vernetzt und der Datenaustausch erfolgt in der Regel drahtlos. Dabei können enorme Datenmengen durch große Bandbreiten übertragen werden. Die IuK-Technologien sind bis 2015 nahezu allgegenwärtig geworden und versehen ihren Dienst immer unauffälliger. Dadurch ergibt sich eine Verfügbarkeit von Information und Wissen an jedem Ort, über jede Distanz und

---

[21] Die ersten beiden Abschnitte beschreiben allgemeine Entwicklungen im Bereich der IuK-Technologien, die sowohl für das Trend- als auch für das Wunschszenario zutreffend sind.

zu jeder Zeit. Komponenten der IuK-Technologien sind mittlerweile in der Lage, sich durch drahtlosen Datenaustausch und mittels Sensoren Informationen über ihre Umgebung zu beschaffen (Kontextsensitivität). Die Bereitstellung von Informationen und Funktionen für die Nutzerinnen und Nutzer erfolgt entsprechend ihrer Situation. Darüber hinaus hat es sich etabliert, dass die IuK-Technologien ohne Anmeldeprozeduren erfolgen („always on"). Durch biometrische Erkennung und Authentifizierung stellt sich das Netz situativ auf den Nutzer oder die Nutzerin ein.

Die Unübersichtlichkeit in der IuK-Branche hat sich bis zum Jahr 2015 weiter erhöht. Für die erfolgreiche Realisierung von konvergenten Anwendungen wie „E-Health-Konzepten" ist die Situation nach wie vor ernüchternd. Sie ist gekennzeichnet durch veraltete Technologien, die keine Vernetzung ermöglichen und – aufgrund vielfach praktizierter schlechter Erfahrungen – durch eine geringe Investitionsbereitschaft in neue Technologien, mangelhaftes Informationsmanagement und fehlende Standardisierung von Prozessen und Daten. In der Regel sind „geschlossene Anwendungen" verbreitet, bei denen die Systemkomponenten von einem einzigen Hersteller stammen, so dass sie sich nicht beliebig mit den Systemen anderer Anbieter kombinieren lassen. Dies ist insofern problematisch, als die konvergenten Anwendungen nur dann effizient, erfolgreich und kostengünstig genutzt werden können, wenn sich die Daten von allen beteiligten Akteuren miteinander vernetzen lassen. So werden beispielsweise Systeme für das Digital Rights Management (DRM) nicht nur von den Verbrauchern kritisch beäugt, sondern stellen auch die Großanwender in der Wirtschaft in der verfügbaren technischen Form noch vor große Probleme. Firmenvertreter aus den unterschiedlichsten Branchen beschweren sich deutlich über die mangelnde Interoperabilität der verfügbaren DRM-Lösungen.

Life-Work-Balance

Bezogen auf die Wechselwirkung von Arbeits-, Lebens- und Privatsphäre werden „souveräne Balancierer", denen die Verbindung unterschiedlicher Anforderungen gelingt und Überlastete, die von beiden Lebensbereichen bedrängt werden, einander gegenüberstehen. Ersteren ist es gelungen, eine gute Vereinbarung zwischen den unterschiedlichen Anforderungen des Familien- und Berufslebens herzustellen. Ferner haben sie es geschafft, ihren eigenen Wünschen zu folgen, sich gegen Widerstände durchzusetzen und haben gelernt, mit der steigenden Komplexität in der Arbeitswelt um zu gehen.

Bezogen auf die Vereinbarkeit von Arbeit und Leben zählen die so genannten Balancierer oder auch „Patchworker" zu den Profitierenden. Diese Gruppe von Menschen hat schon vor mehr als zehn Jahren ihre eigenen Lösungen für die Probleme in Wirtschaft und auf dem Arbeitsmarkt gesucht und auch gefunden. Der Patchworker zeichnet sich dadurch aus, dass er über ausgezeichnete soziale und kommunikative Kompetenzen verfügt, die er sich durch seine häufig wechselnden Rollen, Funktionen und Jobs angeeignet hat. Seine Biografie ist durch zahlreiche Brüche gekennzeichnet, mit denen er sehr souverän umgeht. Andererseits gibt es die „Gezwängten Konzentrierten", die sich von den Anforderungen des Familien- und Berufslebens bedrängt und überlastet fühlen. Für diese Menschen klaffen die beiden Bereiche immer weiter auseinander. Der immer schneller voranschreitende Wandel der High-Speed-Gesellschaft und der Druck am Arbeitsplatz führen bei den „Gezwängten Konzentrierten" zu einem gehetzten Zeit- und Lebensgefühl. Sie sind mit der Verantwortung und dem ständigen Zeit- und Leistungsdruck überfordert. Sie wünschen sich mehr Zeit für die Gesundheit, den Partner, den Sport, die Familie und die Bildung und wissen nicht, wie sie diese Wünsche realisieren und den vielen Anforderungen gerecht werden können. Diese Gruppe reizt Leistungsgrenzen zu lange und zu intensiv aus und steht somit unter Dauerstress, was sich negativ auf ihre Life-Work-Balance auswirkt.

Gründung und Verbreitung virtueller Unternehmen

Im Jahr 2015 gibt es viele virtuelle Unternehmen und auch verwandte Unternehmensformen und die Tendenz ist weiter steigend. Das virtuelle Unternehmen bietet dabei nicht nur einen hohen flexiblen Rahmen, sondern impliziert eine standortunabhängige, branchenübergreifende Arbeit mit breit gefächerter Produktpalette. Menschen mit hohen kommunikativen und organisatorischen Fähigkeiten fungieren in virtuellen Unternehmen als Broker. Sie übernehmen die Verknüpfungs- und Vermittlungsaufgaben, während sie Spezialisten mit unterschiedlichen Kompetenzprofilen auftragsbezogen zusammensuchen, um so die bestmögliche Geschäftsabwicklung zu vollziehen.

Vor dem Hintergrund der Internationalisierung und der immer komplexeren Ausdifferenzierung nach Kernkompetenzen bietet das virtuelle Unternehmen ein zukunftsweisendes Geschäftsmodell, wobei die ausgesprochen schwierige rechtliche Situation und Fragen der lückenlosen Kommunikation und Vertrauensbildung nach wie vor Hemmschwellen darstellen. So stellt die rein technisch gestützte Kommunikation nach wie vor eine Barriere für die persönliche Einschätzung der Vertrauenswürdigkeit des Geschäftspartners dar. Außerdem müssen ein kontinuierlicher Informationsfluss trotz des standortunabhängigen Arbeitens gewährleistet sein und die Partner zum regelmäßigen Austausch angehalten werden, damit keine Informationsdefizite entstehen, die die reibungslose Geschäftsabwicklung stören.

Das virtuelle Unternehmen hat bestehende klassische Unternehmensformen nicht ersetzt, ist aber als Modell der Unternehmensorganisation eine ernst zu nehmende Alternative. Mischformen mit unterschiedlicher Ausprägung der Virtualisierung setzen sich durch und Virtualität hält verstärkt Einzug in traditionelle Strukturen, auch in öffentliche Einrichtungen.

Branchen und Internationalisierung der Märkte

Durch moderne IuK-Technologien ist die Virtualisierung von Unternehmen überhaupt erst möglich geworden. In den westlichen Ländern hat sich der Wandel zur Dienstleistungsorientierung fortgesetzt. Kundenservice und Vertrieb haben noch stärker an Bedeutung gewonnen, während breite Produktionssegmente nach Osteuropa, Asien und Südamerika verlagert wurden.

Im Jahr 2015 verteilen sich Jobs auf drei Tätigkeitsbereiche: Routinemäßige Produktionsdienste, kundenbezogene und symbolanalytische, (informationsgewinnende, analysierende, interpretierende und verwertende) Dienste. Letztere werden einen Großteil der hochqualifizierten Arbeit z. B. in der Forschung ausmachen, wobei es Analytiker geben wird, die Probleme identifizieren, Fachkräfte und ausdifferenzierte Spezialisten, die Probleme lösen können, und strategische Vermittler, deren Aufgabe in der Verknüpfung der Kernkompetenzen zu integrierten Gesamtkonzepten liegt.

Vertrieb und Verwaltung werden zunehmender in Call Centern und Kundenbetreuungszentren geleistet. Die Virtualisierung als Modernisierungsprozess der Arbeits- und Unternehmensorganisation setzt sich ebenso vermehrt im Consulting-, Coaching- sowie im Forschungsbereich durch, hier bei innovativen Branchen wie zum Beispiel der Mikrosystemtechnik oder der Biotechnologie. Dementsprechend häufen sich in diesen Branchen auch virtuelle Unternehmen.

Kompetenzen und Erwerbsbiographien

Die Gesellschaft hat sich in den letzten zehn Jahren weiter gespalten: In Deutschland herrscht ein deutlicher „Knowledge Divide". Die Ausdifferenzierung wissensbasierter Arbeitsbereiche setzt vom einzelnen „Wissensarbeiter" die kontinuierliche Weiterqualifizierung („Lifelong Learning") im Bereich der fachlichen, aber auch sozialen und kommunikativen Kompetenzen voraus.

Das Aufgabenfeld von strategischen Mittelsmännern und Integratoren erfordert ein hohes Maß an sozialen und kommunikativen Kompetenzen. Das deutsche Bildungssystem befindet sich ebenfalls in einer Umbruchsituation, in welcher sich Finanzierungsmodi und Verwaltungsstrukturen zunehmend reformieren und staatliche Einrichtungen sich auf veränderte Rahmenbedingungen einstellen. In Bildungseinrichtungen sind Schülerinnen und Schüler sowie Studentinnen und Studenten die nötigen Kompetenzen bisher nur unzureichend vermittelt worden, um erfolgreich mit den neuen Anforderungen umgehen und selbstorganisiert, eigenverantwortlich und mit unternehmerischer Kreativität arbeiten zu können.

Der Kompetenzanspruch an Arbeitnehmerinnen und Arbeitnehmer nimmt in besonderer Weise durch Faktoren wie flexible Teamarbeit, flexibilisierte Arbeitsformen und Selbstorganisation, wachsende Bedeutung von IuK-Technologien, die sich in hohem Tempo verändert und verbessert und Internationalisierung zu. Gleichzeitig entstehen durch befristete und wechselnde Arbeitsverhältnisse „Patchwork"-Erwerbsbiographien, da Arbeitnehmerinnen und Arbeitnehmer sich auf kontinuierlich verändernde Berufssituationen einstellen müssen. Virtuellen Unternehmen kommt die zunehmende Internationalisierung von Bildung zugute. Durch die internationale Angleichung von Bildungsabschlüssen und Qualifikationen wird zum einen Transparenz und zum anderen ein einheitlicher Abgleich von Qualitätsstandards im Bildungsbereich gewährleistet. Durch die Ausdehnung von Vernetzung sind Fähigkeiten wie „interkulturelle Kompetenz" und „Kommunikationsfähigkeit" Standard geworden. Das spezielle Personalweiterbildungsangebot in virtuellen Unternehmen konzentriert sich 2015 auf das „Lernen lehren" und darauf, den Wissenstransfer in Form von offen zugänglichen „Knowledge Pools" zu ermöglichen.

Gewinner und Verlierer

Die Gewinner einer solchen Entwicklung werden Akteure sein, die sich als flexible Innovatoren aus Wirtschaft und Politik erweisen. Den Individuen wird in besonderem Maße Vielseitigkeit und Anpassungsfähigkeit abverlangt. Daraus resultiert in den westlichen Ländern eine Verstärkung des Gegensatzes zwischen Arm und Reich und damit unmittelbar zusammenhängend zwischen hochqualifizierten und bildungsfernen Gruppen.

Als Profitierende können diejenigen bezeichnet werden, die der Entwicklung folgend von alten Strukturen zu flexiblen und virtualisierten Strukturen hinarbeiten, also den Innovationssprung zu modernen Arbeits- und Unternehmensorganisationsformen schaffen. Dies erfordert Mut und Risikobereitschaft. Weiterhin werden diejenigen sich durchsetzen, die die Balance zwischen Arbeit- und Privatsphäre erreichen und sich gegen bestehende Widerstände und Modernisierungsbremsen durchsetzen können und somit Willen und Durchsetzungskraft beweisen.

Bei virtuellen Unternehmen werden die Unternehmungen erfolgreich sein, die gute Integrationsansätze aufweisen und flexibel genug sind, den sich verändernden Marktanforderungen anpassen zu können und sich von Unübersichtlichkeit und Veränderungen nicht abschrecken zu lassen. Sie kombinieren erfolgreich unterschiedliche Kompetenzen und wandeln diese in neue Produkte und Dienstleistungen um. Eine Vernetzung von Partnern, die sich gegenseitig ein Stützwerk mit einer Vielfalt von Kompetenzen und Angeboten bieten, wird als Erfolgsmodell virtueller Unternehmen vorherrschen.

Bildungsferne werden deshalb in potenzierter Form zu Verlierern, da sie z. B. durch die zunehmende Bedeutung der IuK-Technologien und mangelnde Qualifizierungschancen fast vollständig von Innovationsprozessen abgeschnitten werden. 2015 spielen Aspekte der gesellschaftlichen Integration eine noch dramatischere Rolle, sowohl durch die Überalterung der europäischen Gesellschaft als auch durch die ansteigende Migration in und nach Europa. Starre Unternehmensstrukturen mit einseitiger Branchenausrichtung und fehlenden Kooperationspartnern stellen eine Organisationsform dar, die sich schlecht auf die veränderten wirtschaftlichen Bedingungen 2015 einstellen kann. Andererseits werden auch solche Innovatoren, die zu rapide Veränderungen verlangen, sodass sie den gesellschaftlichen und institutionellen Rahmen überfordern oder sprengen, ausgebremst. Es benötigt auch in Zukunft ein Feingefühl für ein funktionierendes Maß im Rahmen der Möglichkeiten des gesellschaftlichen Umfeldes.

Virtuelle Unternehmen werden dann keinen Erfolg haben, wenn sie versuchen, erstens inhaltlich zuviel selbst zu bedienen und zweitens keine Kommunikationsebene zwischen den Partnern finden, u. a. weil kein gemeinsames Geschäftsverständnis aufgebaut wird und damit eventuell eine Konkurrenzsituation innerhalb der eigenen Unternehmung entsteht. Der Vorteil eines virtuellen Unternehmensverbundes besteht in der flexiblen und unterschiedlichen Vernetzung und sollte auch als Wettbewerbsstrategie verstanden und umgesetzt werden. Ein virtuelles Unternehmen, welches nicht in der Lage ist, sich in der Partnerwahl und branchenspezifisch individuell anzupassen, wird es schwer haben, sich auf dem Markt gegenüber flexibleren Organisationen zu behaupten.

7.3 Virtuelle Unternehmen 2015: „Wie es uns gefällt"

Prämissen für das Wunschszenario

Die Vorraussetzungen für das Wunschszenario „Wie es uns gefällt" werden gelegt durch eine Reihe von Veränderungen und Reformen der gesellschaftlichen und staatlichen Rahmenbedingungen, die die Möglichkeiten des Lebens und Arbeitens in virtuellen Unternehmen erheblich verbessern und attraktiver machen.

Politische Rahmenbedingungen

Der Politik ist es gelungen, auf der Basis eines breiten gesellschaftlichen Diskurses tragfähige und konsensorientierte Reformen für die sozialen und wirtschaftlichen Herausforderungen der ersten Dekaden des 21. Jahrhunderts durchzuführen. Die staatlichen Reformen haben dazu geführt, dass vor allem die drängenden finanziellen Probleme der Bildung, der Altersversorgung und des Gesundheitswesens weitgehend gelöst sind. Der hierzu notwendige Umbau der bestehenden Systeme ist geglückt, weil es gelungen ist, von den internationalen Innovationspionieren erfolgreich zu lernen, eigene, den deutschen Erfordernissen angepasste Modelle zu entwickeln und dadurch Anschluss an die internationalen Schrittmacher zu finden.

Bildung

Als Innovationspioniere im Bereich der Bildung haben Schweden und Finnland erfolgreiche und gleichzeitig sozial gerechte Vorbilder für deutsche Schulen geliefert. Heute sind diese Vorbilder verinnerlicht und das deutsche Bildungssystem auf ein neues Leitbild ausgerichtet und umgestaltet worden. Damit ist die Chancengleichheit für alle gesellschaftlichen Schichten gewährleistet, d. h. Einkommensunterschiede spielen praktisch keine Rolle für die Qualität der Ausbildung. Der Umbau des Schulsystems und das wachsende (finanzielle) Engagement des Staates in die Bildungsinfrastruktur sowie die gezielte Unterstützung von Familien aus sozial schwächer gestellten Milieus bieten hierfür die Grundlage. Die Lerninhalte orientieren sich an den sich schnell ändernden Erfordernissen einer Wissensgesellschaft: Das Klassenziel heißt „Lernen lernen", also die Erlangung von Problemlösungsstrategien vor dem Hintergrund sich schnell ändernder Anforderungen. Daneben stehen weichere Faktoren wie Selbstständigkeit, Kreativität, Teamgeist, Kommunikationsfähigkeit und interkulturelle Kompetenz auf dem Lehrplan. Die Kinder und Jugendlichen werden schon früh mit den Anforderungen eines modernen Arbeitslebens in Berührung gebracht und entsprechend gut vorbereitet. Damit wird bereits während der schulischen Ausbildung der Grundstein für einen möglichen Einstieg oder die Gründung eines virtuellen Unternehmens gelegt.

Gesundheitswesen

Entsprechend dem niederländischen Vorbild bietet das deutsche Gesundheitssystem im Jahr 2015 für alle Bürgerinnen und Bürger eine gleichermaßen hochwertige wie auch erschwingliche Basisversorgung an Gesundheitsdienstleistungen. Teure ergänzende Leistungen werden durch entsprechende private Zusatzversicherungen (Cappuccino-Modell) abgedeckt. Die ganzheitliche Betrachtung des Menschen führt dazu, dass bereits im Vorfeld Krankheiten durch präventive Maßnahmen und gesundheitsfördernde Lebensstile vermieden werden. Ebenso spielt der Einklang von Leben und Arbeit eine wichtige Rolle in der Gesundheitsförderung. Virtuelle Unternehmen bieten aufgrund ihrer hohen Flexibilität und der individuellen Gestaltungsmöglichkeiten eine besonders große Chance, gesund zu leben und zu arbeiten. Insgesamt können die Kosten für das Gesundheitswesen gesenkt werden, insbesondere aufgrund der geringeren Nachfrage nach aufwändigen und kostenintensiven Therapien und der Durchsetzung umfangreicher Präsentationsmaßnahmen.

Mit dem Umbau der Bildungs- und Sozialversicherungssysteme geht eine Entlastung des Staatshaushaltes einher, der eine partielle Entschuldung ermöglicht. Damit ergeben sich weitere Spielräume für staatliche Investitionen in die Bildungs- sowie die wirtschaftliche und soziale Infrastruktur des Landes.

Arbeitsmarkt

Der Wandel im gesellschaftlichen Verständnis von Wohlstand hat dazu geführt, dass die strikte räumliche und zeitliche Trennung von Erwerbs- und Sorgearbeit, von „produktiver" und „reproduktiver" Arbeit immer unbedeutender geworden ist. Und die weiterhin fortschreitende Entstofflichung der Leistungserstellung hat Tätigkeiten beider Art in weiten Maßen immer unabhängiger von Zeit und Ort gemacht. Damit aber haben auch Hierarchien und Weisungsstrukturen in der Leistungserstellung immer mehr an Bedeutung verloren, so dass heutzutage nicht mehr die gewissenhafte Ausführung eines Auftrags oder gar einer Anweisung den Maßstab für erfolgreiches Arbeiten bildet, sondern das Gelingen des verfolgten Projektes.

Auch die Lebensbewältigung selbst, das Gelingen der Life-Work-Balance wird als ein solches Projekt verstanden. Die Auswirkungen sind auch im veränderten Geschlechterverhältnis sichtbar: Nicht nur, dass früher so genannte „gebrochene Erwerbsbiographien" nun für Männer wie Frauen gleichermaßen selbstverständlich sind und damit den Makel, der ihnen noch vor Jahren anhaftete – auch Tätigkeiten außerhalb der Erwerbsarbeit, wie das „Bewältigen" des „Gesamtkunstwerk Ich" – gelten nun als Qualifikation: Organisieren, vermitteln, moderieren, Lebenserfahrung und pragmatisches Zupacken, kurzum: die Grundlagen einer erfolgreichen Lebensbewältigung sind auch der zentrale Schlüssel zur Teilhabe an der Arbeitswelt. Kreativität ist nicht mehr nur das Ergebnis klassischer Denkschmieden, sondern entspringt immer häufiger der Kombination individueller Fähig- und Fertigkeiten – im kommerziellen wie auch im nicht-kommerziellen Bereich.

Neue Formen von Kooperationen greifen Raum, die in immer neuen Kombinationen Menschen verschiedenster Kompetenzen und unterschiedlichsten Vermögens zur Bewältigung anstehender Aufgaben zusammenfügen. Was früher als „Networking" ein Verhaltens- und Organisationsmodell für Teilbereiche insbesondere wirtschaftlicher Tätigkeiten bezeichnete, ist mittlerweile allgemein verbreitet. Im wirtschaftlichen Bereich aber sind die rechtlichen und institutionalisierten Flankierungen nach wie vor im Fluss: Von der reformierten Wiederbelebung des Genossenschaftsgedankens bis zur praktikablen Ausgestaltung des Partnerschaftswesens versucht das Recht, den Notwendigkeiten flexibler Unternehmensgestaltung und dem Vertrauensschutz der jeweiligen Vertragspartner gleichermaßen gerecht zu werden, hinkt dabei aber der Geschwindigkeit der faktischen Entwicklung nach wie vor hinterher.

Informations- und Kommunikationstechnologien

Es wird in immer stärkerem Maße spürbar, dass die IuK-Technologien alle Lebensbereiche des Menschen substanziell beeinflussen und aufwerten. Die Fortschritte der letzten Jahre hinsichtlich der Leistungsfähigkeit und der Benutzerfreundlichkeit der IuK-Technologien haben deren Anwendungen und den Zugang zu wertvollen Informationen deutlich verbessert. Die Gesellschaft ist in der Folge grundsätzlich durch eine große Offenheit gegenüber den IuK-Technologien geprägt.

Die Motivation der Menschen aus allen Bevölkerungsschichten, immer häufiger und intensiver bei der alltäglichen Lebens- und Freizeitgestaltung Anwendungen der IuK-Technologien zu nutzen, ergibt sich daraus, dass eine Vielzahl heutiger Bedürfnisse und Wünsche mit Hilfe der IuK-Technologien besser erfüllt werden können, zum Beispiel dadurch, dass Berufs- und Privatleben flexibel miteinander in Einklang zu bringen sind. Durch den Zugriff auf Daten und Informationen sind ein uneingeschränktes Arbeiten, Weiterbildung auf höchstem Niveau sowie private und berufliche Kommunikation zu jeder Zeit und von jedem Ort aus möglich.

Mobile Breitbandtechnik ist – auch in ländlich geprägten Regionen – inzwischen eine Selbstverständlichkeit. Gleichzeitig haben sich auch einheitliche Standards der Grundversorgung an IuK-Technologien durchgesetzt. Der Trend zur Konvergenz der Medien setzt sich weiter fort. Während in der Vergangenheit noch heterogene Netze für verschiedene technische Lösungen und Anwendungen existierten, hat sich jetzt eine Multinetz- und Diensteplattform entwickelt, die unter anderem IP-Telefonie, Multimedia, Entertainment und E-Mail beherrscht. Das Internetprotokoll fungiert hierbei als Bindeglied zwischen den verschiedenen Technologien. Insbesondere das Netzprotokoll IPv6 hat sich als wichtige Voraussetzung für neue Anwendungen und die Bereitstellung zentraler Services erwiesen.

Die „digitale Revolution" hat nicht nur Erdteile miteinander vernetzt – das Internet ermöglicht auch den schnellen, Dialog der Bürgerinnen und Bürger mit Politik und Verwaltung. Und zwar auf kommunaler Ebene genauso wie auf Landes-, Bundes- und auf globaler Ebene. Neue Medien ermöglichen im Prinzip mehr Transparenz. Menschen können sich über digitale Kanäle umfassend über Vorgänge in Politik und Verwaltung informieren. Gleichwohl darf nicht übersehen werden, dass die enormen Informationsmengen auch zu Informationsblockaden führen können, weshalb ein sehr sorgsamer Umgang mit den riesigen Angeboten erfolgen muss und orientierende Selektionsstrategien entwickelt werden müssten.

Die innovativen IuK-Technologien beeinflussen das menschliche Leben nicht nur dadurch, dass sie neue Informations-, Kommunikations- und Handlungsmöglichkeiten bereitstellen. Sie sind vor allem auch ein bedeutender ökonomischer Faktor, der wesentlich den Wirtschaftsstandort Deutschland prägt und damit auch über Arbeitsplätze, Einkommen und berufliche Chancen entscheidet – im Sektor der Informations- und Kommunikationstechnik selbst, aber auch in fast allen anderen Bereichen bzw. Branchen.

Neben den allgemeinen Diensten der Datenübertragung, -verwaltung und -speicherung haben sich spezielle Dienste stärker etabliert: Automatische Übersetzungssysteme haben sich in ihrer Qualität maßgeblich verbessert und übersetzen auch regional begrenzte Sprachen. Damit hat sich die grenzüberschreitende Zusammenarbeit von Unternehmen spürbar erleichtert. Dies kommt insbesondere den kleinen und mittleren Unternehmen entgegen, die sich zunehmend international orientieren müssen.

Life-Work-Balance

Die Vereinbarkeit von Leben und Arbeit wird von Politik und Gesellschaft als gesellschaftlich-wirtschaftliche Herausforderung verstanden. Dies geschieht vor dem Hintergrund, dass das „Normalarbeitsverhältnis" nur noch für eine Minderheit der Erwerbsbevölkerung üblich ist und flexible Arbeitsmodelle – Home-Working, Patchworker, Freelancer – vermehrt als Chance für die eigene Gestaltung von Leben und Arbeiten begriffen werden. Angesichts der Tatsache, dass Wohlbefinden und Gesundheit der Menschen die besten Vorrausetzungen für leistungsfähige Unternehmen sind, ist es gesellschaftliches und wirtschaftliches Ziel, Rahmenbedingungen zu schaffen, die einen individuellen Zuschnitt der Life-Work-Balance ermöglichen. Virtuelle Unternehmen schaffen einen äußerst günstigen Rahmen, in dem die Vereinbarkeit von Beruf und Familie, Arbeit und Freizeit auf beispiellose Weise gelingt.

Aus individueller Sicht steht der Erwerb von Gesundheitswissen und -kompetenz im Vordergrund, der zu mehr Lebensqualität und subjektivem Wohlbefinden verhilft. Ein positives Ergebnis der letzten zehn Jahre ist, dass sich Krankheitsbilder wie Burnout-Symptome, psychosomatische Beschwerden und Herz-Kreislauf-Erkrankungen, die früher für ein Ungleichgewicht von Belastungen bzw. Anforderungen und individuellen Ressourcen standen, deutlich verringert haben.

Eine Neuerung sind Life-Work-Balance-Hotels. Sie haben die Funktion, den Personen zu helfen, die noch nicht die optimale Balance zwischen Arbeit und Leben gefunden haben. Diese Hotels erfreuen sich großer Beliebtheit und werden besonders von den virtuellen Unternehmen, Freelancern und Patchworkern besucht. Mittlerweile sind in fast ganz Deutschland Life-Work-Balance-Hotels entstanden. Die Angebotspalette der Hotels ist sehr umfangreich und reicht von individuellem Coaching mit einem Personality-Trainer, der Fragen zur Life-Work-Balance beantwortet, bis hin zu Beratungen für einen beruflichen oder privaten Neubeginn. Ziel ist es, sich selbst besser kennen zu lernen, um das eigene Leben „runder" zu gestalten. Die Life-Work-Balance-Hotels haben zum Ziel, dass jeder, der das Life-Work-Balance-Hotel verlässt, neue Selbsterkenntnisse erhalten hat, Selbsterfahrungen macht und eine Entwicklung für Körper, Geist und Seele vollzieht.

Gründung und Verbreitung virtueller Unternehmen

Virtuelle Unternehmen sind heutzutage eine Form der freien individuellen Anpassung an die Möglichkeiten der modernen Arbeitswelt. In der Vergangenheit wurden virtuelle Unternehmen häufig aus der Not heraus gegründet, um beispielsweise drohende Arbeitslosigkeit zu vermeiden oder im Schwarm weiterer UnternehmerInnen größer und leistungsfähiger zu wirken. Im Allgemeinen konnten damit bestehende Defizite des Arbeitsmarktes auf einer individuellen Ebene in Teilen ausgeglichen werden.

Heute hat sich die Motivation zur Gründung eines virtuellen Unternehmens grundlegend verändert und es werden viel stärker die Möglichkeiten der individuellen Verwirklichung in den Vordergrund gestellt: Virtuelle Unternehmen sind ein etabliertes und anerkanntes Modell des Arbeitens und Lebens im Sinne der Life-Work-Balance. Die Vereinbarkeit von Leben, Familie und Freizeit auf der einen Seite und die beruflichen Anforderungen und Wünsche auf der anderen Seite gelingen in den virtuellen Unternehmen in vorbildlicher Weise. Gleichzeitig sind die Unternehmen den in der Gesellschaft geltenden Werten verpflichtet und verfolgen durch ein nachhaltiges Management auch ökologische und soziale Ziele.

Die formalen Anforderungen für die Gründung eines virtuellen Unternehmens sind deutlich verringert worden. Binnen weniger Stunden können Unternehmen bei den Steuerbehörden und den Kammern an- und abgemeldet werde. Damit senken sich die Hemmschwellen, auch für ein zeitlich befristetes Projekt ein eigenes Unternehmen zu gründen. Darüber hinaus existieren bei den Industrie- und Handelskammern sowie den Arbeitgeber- und Arbeitnehmerverbänden entsprechende Beratungsangebote, die die Gründung von virtuellen Unternehmen erleichtern, eine angepasste Lobbyarbeit gegenüber den staatlichen Behörden übernehmen und die Rechte der Menschen in virtuellen Unternehmen sichern.

Als eine Rechtsform des virtuellen Unternehmens erleben Genossenschaften eine Renaissance. Diese bieten eine interessante Perspektive für Einzelkämpfer, die sich zusammenschließen, um zeitlich befristete Projekte durchzuführen.

Branchen und Internationalisierung der Märkte

2015 sind virtuelle Unternehmen eine bekannte und gut verbreitete Unternehmensform. Nach wie vor konzentrieren sich die Vorkommen der virtuellen Unternehmen auf die wissensintensiven unternehmensnahen Dienstleistungen (Wissensproduktion und Wissensverbreitung) wie Forschung und Entwicklung, Consulting, Medienwirtschaft usw.

Allerdings finden sich auch zunehmend in anderen Branchen Pioniere, die diese Unternehmensform für sich entdecken. Hierzu zählen z. B. regionale Verbünde von Handwerksbetrieben, personenbezogene Dienstleistungen sowie kleine und mittlere Unternehmen der industriellen Produktion, die Nischenmärkte besetzen und sich so der Konkurrenz global agierender Konzerne erwehren können.

Neben der branchenübergreifenden Zunahme von virtuellen Unternehmen lässt sich eine steigende internationale Ausrichtung beobachten. Vor dem Hintergrund eines weiteren Abbaus internationaler Handelsbarrieren und der kontinuierlichen Erweiterung der EU gen Osten sind es vor allem die asiatischen Märkte, die für virtuelle Unternehmen als Absatzmarkt ihrer Produkte und Dienstleistungen in hohem Maße interessant geworden sind. Gleichsam finden sich immer häufiger grenzüberschreitende Kooperationen, die sich temporär zusammenschließen und gemeinsame Produkte und Dienstleistungen entwickeln.

Kompetenzen und Erwerbsbiographien

Die Menschen im virtuellen Unternehmen zeichnen sich dadurch aus, dass sie über ausgezeichnete soziale und kommunikative Kompetenzen verfügen, die sie sich über ihre schulische Ausbildung sowie häufig wechselnde Rollen, Funktionen und Jobs angeeignet haben. Darüber hinaus sind sie durch ihre schulische Ausbildung daran gewöhnt, sowohl selbstständig als auch im Team Problemlösungsstrategien zu entwickeln und ihre Kompetenzen einzubringen. Ihre fachlichen Kompetenzen vertiefen sie freiwillig über staatliche und private virtuelle Akademien, die entsprechende Kursangebote bereitstellen. Interkulturelle Kompetenz ist für die Unternehmer kein Fremdwort und in der internationalen Zusammenarbeit eine Selbstverständlichkeit. Das lebenslange Lernen haben sie als Investition in ihre Zukunftsperspektiven verinnerlicht.

Zwischen Arbeit und Leben verläuft die Trennung unscharf, der Patchworker ist aufgrund seiner Vielseitigkeit und seines organisatorischen Talents standortunabhängig. Denn längst ist „Wohnen auf Zeit" in technologisch top ausgestatteten Business-Wohnungen gang und gäbe, die nichts von der Individualität der „eigenen vier Wände" vermissen lassen. Technologieparks sind von der grünen Wiese in die Innenstädte verlagert und um die Möglichkeit ergänzt, nicht nur die technologische Infrastruktur zu nutzen, sondern in den neuen Wohn- und Arbeitszentren auch einen sehr individuellen Life-Style auf Zeit pflegen zu können.

Die Erwerbsbiografien der Patchworker verlaufen aufgrund der flexibilisierten Arbeitsmärkte nicht linear, d. h. sie sind es sowohl gewöhnt, unselbstständigen als auch selbstständigen Tätigkeiten nachzugehen. Zeitlich verschränkt arbeiten sie als Teammitglieder in unselbstständiger Anstellung, ein anderes Mal sind sie selbstständige Projektleiter in ihren eigenen Unternehmen. Darüber hinaus sind sie es gewohnt, Familienarbeit zu übernehmen, ohne dass dies für sie eine Barriere für den beruflichen Wiedereinstieg bedeutet. Gleiches gilt für zeitlich begrenzte Ausstiege aus ihrem Erwerbsleben. Sabbaticals sind gesellschaftlich anerkannt und stellen in den Lebensläufen der Patchworker keine Seltenheit dar.

Gewinner und Verlierer

Die Gewinner dieser Entwicklung sind zu allererst die virtuellen Unternehmen und ihre Teilhaber. Den virtuellen Unternehmen gelingt es, die persönlichen Interessen ihrer Patchworker sowie die ökonomischen Notwendigkeiten in ein befriedigendes Gleichgewicht zu setzen. Erfolgreiche virtuelle Unternehmen setzen auf die Erfahrungen und Kompetenzen ihrer Patchworker, denen es gelingt, ihre Selbstständigkeit, ihr handwerkliches Können sowie ihre Fähigkeit zum vernetzten Denken in das Unternehmen einzubringen.

Gewinner dieses Szenarios sind auch die traditionell organisierten Unternehmen. Es ist davon auszugehen, dass aufgrund der besseren schulischen Ausbildung sowie der laufenden Qualifizierung in virtuellen Unternehmen das Qualifikationsniveau auf dem Arbeitsmarkt spürbar steigen wird. Damit steht auch traditionellen Unternehmen eine größere Zahl qualifizierter Mitarbeiterinnen und Mitarbeiter zur Verfügung.

Eine verbesserte und modernisierte Schul- und Bildungspolitik, die sich an erfolgreichen internationalen Beispielen orientiert, kommt nicht zuletzt den Schülerinnen und Schülern insbesondere bildungsfernerer Schichten zu Gute, da sie bessere Voraussetzungen für den Arbeitsmarkt mitbringen.

Helden dieses Szenarios sind die Politiker und die Zivilgesellschaft, denen es gelungen ist, durch tief greifende Reformen der Bildungspolitik, des Gesundheitssystems sowie der Sozialversicherungen den drängenden Problemen zu begegnen und Wirtschaft und Gesellschaft zukunftsfähig zu gestalten.

7.4 Zusammenfassung und Ableitung von Konsequenzen

Zwischen dem Trendszenario und dem Wunschszenario liegen einige wesentliche Unterschiede, die nachfolgend kurz zusammengefasst werden sollen.

Die politischen Rahmenbedingungen des Wunschszenarios sind geprägt durch tief greifende Reformen für die sozialen und wirtschaftlichen Herausforderungen. Diese unterscheiden sich deutlich von dem derzeitigen „muddling through" des politischen Tagesgeschäftes und ermöglichen so den Umbau des Bildungswesens sowie der Alters- und Gesundheitsversorgung. Daraus resultieren gesamtgesellschaftlich ein höheres Maß an sozialer Sicherung und ein steigendes Vertrauen in das Staatswesen.

Im Gegensatz zum Trendszenario ist die Bedeutung der Arbeit in dem Wunschszenario weniger auf die rein wirtschaftliche Funktion reduziert, sondern erfüllt einen ganzheitlichen Anspruch. Im Wunschszenario werden verschiedene Formen der Arbeit (Erwerbsarbeit, Familienarbeit) auf die gleiche Stufe gestellt. Damit einher geht eine gleichwertige gesellschaftliche Akzeptanz sowie die individuelle Möglichkeit, nicht nur in der Erwerbsarbeit „Sinn zu finden".

Bezogen auf die Entwicklung der IuK-Technologien bestehen im Wunschszenario verbesserte technische Bedingungen durch eine hohe Standardisierung von Prozessen und Daten. Wesentlicher ist aber noch, dass durch die Nutzung der IuK-Technologien eine erhebliche Erleichterung des täglichen Lebens stattfindet, die dazu führt, dass diese Technologien gerne angenommen werden und die Digitale Spaltung der Gesellschaft praktisch keine Rolle mehr spielt.

Die Gestaltung der Life-Work-Balance rückt im Wunschszenario stärker in das Bewusstsein der Bevölkerung und bewirkt auf der individuellen Ebene, dass die Menschen sich stärker mit Fragen der Lebenszufriedenheit und Gesundheitsförderung beschäftigen. Auf gesamtgesellschaftlicher Ebene werden die Rahmenbedingungen geschaffen, die einen individuellen Zuschnitt der Life-Work-Balance ermöglichen.

Die Veränderungen, die im direkten Zusammenhang mit virtuellen Unternehmen stehen, liegen beim Wunschszenario in der stärkeren Verbreitung (Branchenausweitung und zunehmende Internationalisierung) sowie in der individuellen Akzeptanz gegenüber virtuellen Unternehmen. Die Entscheidung für die Selbstständigkeit in virtuellen Unternehmen beruht auf der Möglichkeit der individuellen Gestaltung von Leben und Arbeit.

Deutlich wurde bei der Erstellung der Szenarien, dass wesentliche Handlungsfelder für die Förderung und Akzeptanz von virtuellen Unternehmen auf einer übergeordneten Ebene liegen.

- Das Bildungswesen ist derzeit nicht ausreichend in der Lage, Kompetenzen zu vermitteln, die den Anforderungen der Selbstständigkeit und der Wissensgesellschaft gerecht werden. So ist beispielsweise die Digitale Spaltung der Gesellschaft nach wie vor ein erhebliches Problem. Gerade virtuelle Unternehmen bedürfen aber dieser Qualifikationen im Besonderen.

- Ein (steuerfinanziertes) soziales Sicherungssystem, das unabhängig vom Erwerbsleben für alle Bürger eine hohe Versorgungssicherheit bietet, würde vermutlich den Sprung in die Unsicherheiten der Selbstständigkeit erleichtern und so zur Verbreitung von virtuellen Unternehmen beitragen.

- Das Leitbild einer Life-Work-Balance ist in der Gesellschaft wenig verhaftet. Unter dem Druck eines engen Arbeitsmarktes bleibt (immer) wenig(er) Raum für eine ausgewogene Gestaltung von Arbeit und Leben.

Diese Beispiele machen deutlich, dass letztlich die Förderung von virtuellen Unternehmen dadurch gelingen kann, dass auf gesamtgesellschaftlicher Ebene die geeigneten Rahmenbedingungen geschaffen werden, die Menschen in die Lage versetzen, aus einer Position der der Sicherheit heraus und ausgestattet mit den entsprechenden Fähigkeiten den Schritt in die Selbstständigkeit zu wagen.

Damit bestätigen die Szenarien die Ergebnisse der Fallstudien, in denen deutlich wurde, dass die virtuellen Unternehmen weniger Unterstützung bei der Arbeitsgestaltung innerhalb der Unternehmen benötigen, sondern dass vor allem die gesamtgesellschaftlichen Rahmenbedingungen zu verändern sind, um virtuelle Unternehmen zu fördern und zu unterstützen.

8 Handlungsempfehlungen im Umfeld virtueller Unternehmen

Die Untersuchungsergebnisse verweisen auf folgende Handlungsfelder:

Rahmenbedingungen für die Unternehmensorganisation

Nach wie vor ist die rechtliche Situation virtueller Unternehmen ein Stolperstein für deren Entwicklung. Steuerrechtlich sollte eine einheitliche Rechtsgrundlage geschaffen werden, die für die am virtuellen Unternehmen beteiligten Partner Statussicherheit gewährleistet: Denn insbesondere für Freiberufler ist keineswegs immer deutlich bzw. nachvollziehbar, warum sie mit dem Einbringen ihrer ureigenen – und als freiberufliche Tätigkeit anerkannten – Fachkompetenzen in ein Kooperationsprojekt in Form eines virtuellen Unternehmens ihren Status als Freiberufler verlieren und steuerrechtlich als Gewerbetreibende behandelt werden können.

Auch die Rechtssicherheit gegenüber den Kunden bzw. Auftraggebern sollte gestärkt werden. Da es keine eigene Rechtsform für virtuelle Unternehmen gibt, sind die Klärung des Innenverhältnisses und die Regelung im Außenverhältnis bei jedem Wechsel in der Zusammensetzung des virtuellen Unternehmens neu auszuhandeln. Dies behindert gerade die extrem fluide Form virtueller Unternehmen, in der sich die Partner jeweils für nur ein Projekt spezifisch formieren. Eine eigene Rechtsform bzw. die Ausrichtung virtueller Unternehmen als eigene Rechtspersonen, deren Verbindlichkeit nach Außen denen der üblichen Rechtsformen entspricht, die im Innenverhältnis aber der Flexibilität und dem Kurzfristcharakter virtueller Unternehmen Rechnung trägt, könnte dazu beitragen, virtuelle Unternehmen auch für „klassische" Unternehmen und damit einem größeren Kunden- bzw. Auftraggeberkreis in stärkerem Maße als Geschäftspartner attraktiv zu machen.

Doch auch ohne diese Ausstattung virtueller Unternehmen mit einer eigenen Rechtspersönlichkeit kann durch ein bewusstes Werben für die Form kooperativer Leistungserbringung das Potential virtueller Unternehmen in viel stärkerem Maße genutzt werden. Die zum Teil bestehenden Vorbehalte gegen ein Konglomerat kleiner Unternehmen oder gar Einzelpersonen als Vertragspartner zur Erbringung größerer Projekte – als welche virtuelle Unternehmen von einigen potenziellen Auftraggebern heute noch gesehen werden – mit dem impliziten Vorbehalt hinsichtlich Verlässlichkeit und Leistungsfähigkeit, müssen aufgefangen werden: Durch bewusste Öffentlichkeits- und Lobbyarbeit, mittels Kampagnen, ggf. Wettbewerben oder Best-Practice-Modellen. Hier können auch die Politik und die öffentliche Verwaltung eine Vorreiterrolle spielen, indem sie virtuelle Unternehmen als gleichwertige Forschungs- und Praxispartner wahrnehmen und behandeln.

Gezielte Kompetenzvermittlung in der Bildungspolitik

Die Bildungspolitik sollte sich noch stärker darauf ausrichten, Kompetenzen zu vermitteln, die den Anforderungen einer zunehmend globalisierten Wissensgesellschaft gerecht werden. Die Strategie des „Lebenslangen Lernens" der Bundesregierung setzt an der richtigen Stelle an und soll das Lernen in allen Lebensphasen und Lebensbereichen, an verschiedenen Lernorten und in vielfältigen Lernformen anregen. Im Mittelpunkt sollte der Erwerb von Problemlösungskompetenzen stehen, die den wechselnden Anforderungen in der Arbeitswelt gerecht werden. Daneben sind so genannten Soft Skills ein wichtiger Baustein zur ganzheitlichen Kompetenzentwicklung. Allgemeine Ziele sollten sein:

- die Aneignung von Lerntechniken und Sachkompetenz,
- der Erwerb von Selbststeuerungskompetenz (Selbstorganisation),
- der Erwerb von Sozial- und interkultureller Kompetenz sowie
- die Entwicklung von Fähigkeiten zur Kooperation, Kommunikation und Konfliktlösung.

Erhebliche Defizite werden bislang noch bei der Chancengleichheit beim Zugang zu Bildung gesehen. Die Pisa-Studie belegt, dass insbesondere Kinder und Jugendliche aus Migrantenfamilien und einkommensschwachen Haushalten einen wesentlich schlechteren Zugang zur Bildung haben und damit erheblich benachteiligt sind. Chancengleichheit und die gezielte Förderung von benachteiligten Personengruppen sollten daher vordringlichstes Ziel der Bildungspolitik werden. Damit würde nicht nur dem Grundsatz der Chancengleichheit entsprochen, sondern ebenso (vor dem Hintergrund des demografischen Wandels) einem drohenden Fachkräftemangel entgegengewirkt.

Weiterbildung von Beratungseinrichtungen und Multiplikatoren in Bezug auf virtuelle Unternehmen

Die Beratungs- und Unterstützungsleistungen für virtuelle Unternehmen fokussieren bisher hauptsächlich auf traditionelle Unternehmensstrukturen. Wirtschaftsförderungsgesellschaften, IHKs, Handelskammern, staatliche und halbstaatliche Einrichtungen verfügen über unzureichendes Wissen, die spezifischen Kompetenzen und Bedürfnisse virtueller Unternehmen betreffend, z. B. Haftungs- und Gewährleistungsfragen, Aufstellen von Verhaltensregeln zur Eindämmung von Konflikten, das Finden geeigneter Partner, kontinuierliche Abstimmung der Projektbeteiligten. Aus diesem Grund ist es notwendig, dass beratende Einrichtungen und Multiplikatoren weitergebildet werden, um virtuelle Unternehmen in Zukunft umfassender beraten zu können.

Marketing für die europäische Gesellschaftsform der Europäische Wirtschaftliche Interessensvereinigung (EWIV)

In Deutschland bestehen ein Informations- und damit ein Beratungsdefizit, was die erste eigenständige europäische Gesellschaftsform der Europäischen Wirtschaftlichen Interessenvereinigung (EWIV) angeht. Einerseits sollten Beratungseinrichtungen zur Existenzgründung die europäische Gesellschaftsform der EWIV in ihr Informations- und Beratungsportfolio mit aufnehmen und nicht wie bislang nur die in Deutschland üblichen Rechtsformen beraten, z. B. GmbH, AG, KG. Auch beim Darstellen möglicher Instrumente zur grenzüberschreitenden Zusammenarbeit darf die Rechtsform EWIV als Kooperationsform nicht fehlen. Andererseits sollte die europäische Gesellschaftsform der EWIV in alle nationalen und internationalen Ausschreibungsunterlagen eingebunden werden, um den Bekanntheitsgrad der europäischen Rechtsform zu erhöhen und EWIV zu ermuntern sowie auch die Akzeptanz und die Aufmerksamkeit für die Rechtsform der EWIV zu steigern. Gerade in Zeiten zunehmender Globalisierung und der immer größeren Notwendigkeit zur grenzüberschreitenden unternehmerischen Zusammenarbeit ist es wichtig, das wirtschaftliche Potential virtueller Unternehmen stärker als bisher zu fördern und zu nutzen.

Flexibilisierung von Lizenzrechten

Der Gesetzgeber hat sich noch nicht auf die Existenz virtueller Unternehmen eingestellt. So fehlt bislang die Möglichkeit, eine „fließende" Lizenz im Softwarebereich für den projektbezogenen Einsatz bei Partnerunternehmen zu erhalten.

Marketing für erfolgreiche virtuelle Unternehmen

Virtuelle Unternehmen werden von der Öffentlichkeit bisher noch zu wenig wahrgenommen. Deshalb sollten besonders erfolgreiche Beispiele virtueller Unternehmen stärker publiziert werden, um aufzuzeigen, dass flexible Arbeitsstrukturen die Chance eröffnen können, Arbeit- und Privat- bzw. Familienleben besser in Einklang zu bringen. Dies geschieht bei virtuellen Organisationen zum einen durch die engere räumliche Zusammenführung von Arbeits- und Privatsphäre und zum anderen durch flexiblere Zeitarrangements. Es sollte ferner verdeutlicht werden, dass ökonomischer Erfolg und soziale Zufriedenheit nicht im Widerspruch zueinander stehen müssen. Hierzu gilt es, Good Practice-Beispiele virtueller Unternehmen mit menschengerechter und gleichzeitiger leistungsfähiger Arbeits- und Organisationsstruktur einem breiten Forum zu präsentieren, um auf die funktionale Verschmelzung von Arbeits- und Lebenssphäre (Life-Work-Balance) hinzuweisen. Dazu sollten erfolgreiche virtuelle Unternehmen in den aktuellen Publikationsmedien wie Pressemitteilungen, Internetseiten und Berichten des BMBF sowie in Veröffentlichungen z. B. der IHK, der Handelskammern, Branchenverbände etc. vorgestellt werden.

Expertinnen und Experten

Abildsø, Stig: Axcess, Dänemark

Bernhard, Wolfgang: ATB GmbH & Co. KG, Österreich

Besimo, Guido: Virtuelle Fabrik, Schweiz

Biberger, Volker: SITEKICK, Deutschland

Brenton, Patrick: Cisco Systems, Dänemark

Caesar, Matthias: LCJ – Locatech Crossgap Jonckers EWIV, Deutschland

Edtmaier, Joachim: ATB GmbH & Co. KG, Österreich

Ferber, Oliver: MediaCityBerlin OHG, Deutschland

Hansen, Jan F.: Argo, Dänemark

Hasse, Dr. Volker: hc Managementberatung BDU, Deutschland

Hewkin, Peter: The Camebridge Network, Großbritannien

Hirschburger, Ute: LIBERTAS – European Institute GmbH, Deutschland

Hofeditz, Klaus: iteligent, Spanien

Hübner, Erich: Abit GmbH, Deutschland

Kindler, Manfred Kindler: Kindler International Division, Deutschland

Koch, Andreas: Koch & Freiter EwIv, Niederlande und Belgien

Laumann, Maja: TU Dresden, Fakultät Wirtschaftswissenschaften, Deutschland

Lene Hald: Argo, Dänemark

Meyer, Kay: Kay Meyer FM-Consultants & CAD-Services e.K., Deutschland

Opitz, Peter: Opitz New Media GmbH, Schweiz

Paludan, Johan Peter: Copenhagen Institute for Futures Studies, Dänemark

Reihs, Sigrid: Institut für Kirche und Gesellschaft/ Kirchlicher Dienst in der Arbeitswelt (KDA), Deutschland

Spattholz, Jens: DV Consulting, Deutschland

Steinmüller, Dr. Karlheinz: Z_punkt GmbH, Deutschland

Swiercz, Ania: plan 4 21 EWIV, Deutschland

Tameling, Rainer: Copeco, Deutschland

von Vietsch, Volker: IHK Rhein-Neckar/ KeRN, Deutschland

Weyhing, Marc: poolworxx, Deutschland

Weyhing, Nora: poolworxx, Deutschland

Wierzbicki, Prof. Dr.-Ing. Robert J.: WIERZBICKI.ORG, Deutschland

Wolf, Mia: Universität Dortmund, Fakultät Humanwissenschaften und Theologie, Deutschland

Zahorka, Hans-Juergen: LIBERTAS – European Institute GmbH, Deutschland

Zoche, Peter: Fraunhofer-Institut System- und Innovationsforschung ISI Karlsruhe, Deutschland

Literaturverzeichnis

Albert, Michel (1992): Kapitalismus contra Kapitalismus, Frankfurt/ New York.

Arnold, Heike (2006): VIRTUELLE UNTERNEHMEN. Warum Sie entstehen. Wie Sie entstehen. Und welchen Beitrag sie für den Fortschritt in Wirtschaft, Politik & Gesellschaft leisten wollen und können (im Erscheinen).

Atlas der Globalisierung (2003), hg. von LE MONDE diplomatique, Berlin.

Backhaus, Klaus und Kai Gruner (1994): Epidemie des Zeitwettbewerbs, in: Die Beschleunigungsfalle oder der Triumph der Schildkröte, hg. von Klaus Backhaus und Holger Bonus, Stuttgart, S. 19-46.

Batinic, Bernard, Andreas Werner, Lorenz Gräf, Wolfgang Bandilla (Hrsg.) (1999): Online Research. Methoden, Anwendungen und Ergebnisse. Göttingen, Bern, Toronto, Seattle.

Beck, Ulrich (1986): Risikogesellschaft. Auf dem Weg in eine andere Moderne, Frankfurt a. M.

Berichtsband (2006): Berichtsband – Zusammenfassung zur internet facts 2005-III , hg. von AGOF.

BIBB – Bundesinstitut für Berufsbildung (2005): Betriebliche Weiterbildung älterer Beschäftigter. Information Nr. 28, unter: http://www.lexisnexis.de/downloads/bibb_referenz_betriebs_system.pdf, eingesehen am 21.04.06.

Bieniek, Georg (2004): Die rechtliche Beurteilung virtueller Unternehmen. Gesellschaftsrechtliche Einordnung und vertragsrechtliche Lösungsansätze organisatorischer Besonderheiten, Berlin.

Biesecker, Adelheid und Uta von Winterfeld (1998): Vergessene Arbeitswirklichkeiten, in: Zukunft der Arbeit – welcher Arbeit?, hg. von Willy Birter und Uta von Winterfeld, Berlin/ Basel/ Boston, S. 32-51.

BITKOM (2006): Boom bei DSL-Zugängen in Deutschland. Pressemitteilung vom 07.11.05, unter: http://www.bitkom.org/de/presse/30739_34501.aspx, eingesehen am 27.04.06.

BITKOM (o.J.): Daten zur Informationsgesellschaft, unter: http://www.bitkom.org/de/markt_statistik/38511_38547.aspx, eingesehen am 27.04.06.

Blind, Knut (1998) im Interview: Gratwanderung, in: ZUKÜNFTE. Zeitschrift für Zukunftsgestaltung & vernetztes Denken, hg. vom Sekretariat für Zukunftsforschung und der Gesellschaft für Zukunftsgestaltung – Netzwerk Zukunft e.V. in Kooperation mit dem Institut für Zukunftsforschung und Technologiebewertung, 7. Jhrg., Heft 24; S. 49 ff.

Breitbandinitiative (o. J.): Breitbandinitiative des Bundesministeriums für Wirtschaft und Technologie, unter: http://www.breitband-fuer-unternehmer.de, eingesehen am 28.04.06.

Byrne, John A. (1993): Virtual Cooperation. In: Business Week, 8.2.1993, 36.

Centrum für angewandte Politikforschung (2002): Über den Tag hinaus: Deutschland-Trends- Ein Kolloquium der Reihe Geist&Zeit.

Davidow, William H. und Michael S. Malone (1993): Das virtuelle Unternehmen. Der Kunde als Co-Produzent, Frankfurt a. M./ New York.

Dettling, Warnfried (2001): Die Zeit der Ideologien ist vorüber. Zweite Phase der Globalisierung: weniger Grund zum Pessimismus, in: Das Parlament, Nr. 3/4, S. 1.

Deutschland-TrendBuch (2001). Fakten und Orientierungen, hg, von Karl-Rudolf Korte und Werner Weidenfeld, Bonn (Schriftenreihe der Bundeszentrale für politische Bildung; Bd. 375).

Europäisches EWIV-Informationszentrum (2005): EWIV/EEIG/GEIE eJournal. Rechtliche, steuerliche und betriebswirtschaftliche Aspekte der Europäischen wirtschaftlichen Interessensvereinigung,. Nr. 5, März 2005.

Fellmeth, Rainer (2004): Ins Netz gegangen – Gefühle und Selbsterleben in rechnergestützten Beziehungen, in: Der globalisierte Mensch. Wie die Globalisierung den Menschen verändert, hg. von Wolfgang Hantel-Quitmann und Peter Kastner, Gießen, S. 143-154.

Fourcade, Collette: Lokalität oder Globalität: Vernetzungsstrategien für Kleinunternehmen, in: Internationales Gewerbearchiv, hg. vom Schweizerischen Institut für Gewerbliche Wirtschaft, Vol. 43, Nr. 1, 1995, S. 15-30.

Gertz, Stefanie (o.J.): Das virtuelle Unternehmen als innovative Organisationsform (Leseprobe), unter: http://www.innovation-aktuell.de/k10817.htm, eingesehen am 26.02.05.

Globus Infografik 0110: Arbeitswelt: Blick in die Zukunft, vom 12.08.05, unter: http://db.globus.pictures.de/.

Globus Infografik 0246: Deutschland bei der Arbeit, vom 25.10.05, unter: http://db.globus.pictures.de/.

Globus Infografik 0270: Strukturwandel in der Berufswelt, vom 28.10.05 unter: http://db.globus.pictures.de/.

Hall Peter A. und David Soskice (2001): An Introduction to Varieties of Capitalism, in: Varieties of capitalism. The Institutional Foundations of Comparative Advantage, hg. von Peter A. Hall und David Soskice, Oxford, S. 1-68.

Höbermann, Frauke (1975): Zur Polarisierung von Arbeit und Freizeit. Desintegration von Sozialfunktionen und Ansätze zur Reintegration von Arbeit und Freizeit in der Industriegesellschaft, Göttingen (Schriften der Kommission für wirtschaftlichen und sozialen Wandel; Bd. 56).

Hochschild, Arlie R. (2002): Work-Life-Balance. Keine Zeit. Wenn die Firma zum Zuhause wird und zu Hause nur Arbeit wartet, Opladen.

Hofmann, Josephine (2002): Relevanz virtueller Netzwerke für die Dienstleistungswirtschaft. DL 02: Dienstleistungswirtschaft – Forschung, Praxis, Zukunft, 28.11.02 (Fraunhofer IAO 872 JER).

Informationstechnologie (2006): Informationstechnologie in Unternehmen und Haushalten 2005, hg. vom Statistischen Bundesamt.

Kleinz, Torsten (2005): Wikipedia: 250.000 deutsche Artikel, unter http://www.heise.de/newsticker/meldung/61109 vom 28.06.05.

Koch, Claus (1997): Im Diesseits des Kapitalismus, in: Merkur. Deutsche Zeitschrift für europäisches Denken, hg. von Karl Heinz Bohrer und Kurt Scheel, 51. Jhrg., Heft 9/ 10: Kapitalismus als Schicksal? Zur Politik der Entgrenzung, S. 763-777.

Kreibich, Rolf (1986): Die Wissenschaftsgesellschaft – Von Galileo zur High-Tech-Revolution, Frankfurt am Main.

Kreibich, Rolf und Sven Sohr (2002): Visiotopia. Bürger entwerfen die Zukunft der Gesellschaft, Baden-Baden.

Krüger, Alfred (2004): WikiNews geht an den Start, in: Telepolis unter http://www.heise.de/tp/r4/artikel/18/18928/1.html vom 01.12.04.

Lange, Knut Werner (2001): Virtuelle Unternehmen. Neue Unternehmenskoordination in Recht und Praxis, Heidelberg.

MICUS (2006): Gesamtwirtschaftliche Auswirkungen der Breitbandnutzung, unter: http://www.zukunft-breitband.de/Breitband/Portal/Redaktion/Pdf/studie-micus-1,property=pdf,bereich=breitband__portal,sprache=de,rwb=true.pdf, eingesehen am 27.4.06.

Oertel, Britta; Joest, Edda; Richter, Matthias; Rosdale, Ray M.; Scheermesser, Mandy; Wölk, Michaela (2003): Selbständig im Netz, Berlin (IZT-WerkstattBericht Nr. 58).

Oertel, Britta; Scheermesser, Mandy; Schulz, Beate; Thio, Sie Liong; Jonuschat, Helga (2002): Auswirkungen von Telearbeit auf Gesundheit und Wohlbefinden – Begleitung von Telearbeitsprojekten aus Sicht des Arbeits- und Gesundheitsschutzes. Bundesanstalt für Arbeitsschutz und Arbeitsmedizin (Hrsg.). Forschungsbericht 973.

Picot, Arnold, Ralf Reichwald und Rolf T. Wigand (1998): Die grenzenlose Unternehmung. Information, Organisation und Management, 3. Aufl., Wiesbaden, zitiert nach Knut Werner Lange: Virtuelle Unternehmen. Neue Unternehmenskoordination in Recht und Praxis, Heidelberg 2001.

Rechtsfragen des Virtuellen Unternehmens: Die Rechtsform eines virtuellen Unternehmens, unter: http://www.bwi.uni-stuttgart.de/fileadmin/abt2/sonstiges/pdf/kapitel1.pdf, eingesehen am 27.07.05.

Richter, Rudolf (1994): Institutionen ökonomisch analysiert. Zur jüngeren Entwicklung auf einem Gebiet der Wirtschaftstheorie, Tübingen.

Scholz, Christian (2000): Statement zum Panel „Virtuelle Unternehmen". Statement gehalten auf der 62. Wissenschaftlichen Jahrestagung des Verbandes der Hochschullehrer für Betriebswirtschaft e.V., Berlin, 14.06.2000, unter: http://www.orga.uni-sb.de/bibliothek/artikel/panel.html, eingesehen am 26.02.05.

Sennett, Richard (1998): Der flexible Mensch. Die Kultur des neuen Kapitalismus, Berlin.

Sennett, Richard (2005): Die KULTUR des neuen KAPITALISMUS, Berlin.

Statistisches Bundesamt (2003): Pressemittelung vom 6. Juni 2003, unter: http://www.destatis.de/presse/deutsch/pm2003/p2300022.htm, eingesehen am 18.03.06.

Statistisches Bundesamt (2005): Leben und Arbeiten in Deutschland. Ergebnisse des Mikrozensus 2004, S. 43 ff. laut: http://www.destatis.de/presse/deutsch/pk/2005/MZ_Broschuere.pdf, eingesehen am 23.04.06.

Statistisches Bundesamt (2005a): Gendermonitor Existenzgründung 2004. Existenzgründung im Kontext der Arbeits- und Lebensverhältnisse in Deutschland, unter: http://www.bmfsfj.de/RedaktionBMFSFJ/Abteilung4/-Pdf-Anlagen/sonderauswertung-mikrozensus-projektbericht,property=pdf,bereich=,rwb=true.pdf, eingesehen am 23.4.06.

Steinmüller, Angela und Karlheinz Steinmüller (2000): Rückblick nach morgen. Eine Zeitreise durch die Welt der Visionen, in: Politische Ökologie, Heft 65: e_cotopia. Von ökologischen Visionen zu virtuellen Realitäten, S. 10-14.

Steinmüller, Karlheinz (1997): Grundlagen und Methoden der Zukunftsforschung. Szenarien, Delphi, Technikvorausschau, SFZ-WerkstattBericht 21, Gelsenkirchen.

Trapp, Christian (2000): So also wird es sein? Vom Verlust der Gestaltungsfähigkeit durch den Glauben an Zahlen, in: ZUKÜNFTE. Zeitschrift für Zukunftsgestaltung & vernetztes Denken, 9. Jhg., Heft 33: Ist Zukunft planbar? Die prognoseabhängige Gesellschaft, Herbst 2000, S. 9 ff.

Trapp, Christian (2001): Mythos Global Village. Schrumpft die Welt durch IuK?, in: ZUKÜNFTE. Zeitschrift für Zukunftsgestaltung & vernetztes Denken, Heft 35: Mythen der Informationsgesellschaft. Das Individuum im Netz der Globalisierung, Frühjahr 2001, S. 20 ff.

Trapp, Christian (2001a): „VISIOTOPIA – Eine Studie für die Zukunft der Gesellschaft" – Arbeitspapier vom 31.01.2001, unter: http://www.christian-trapp.de/Arbeitspapier_VISIOTOPIA.pdf, eingesehen am 05.04.06.

Typisch Arbeitskraftunternehmer (2004): Typisch Arbeitskraftunternehmer? Befunde der empirischen Arbeitsforschung, hg. von Hans J. Pongratz und G. Güster Voss, Forschung aus der Hans-Böckler-Stiftung, Bd.56.

VDE-Studie Technikakzeptanz (2005), unter: http://www.vde.com/NR/rdonlyres/4002841E-81C2-4F4A-9A94-D8327DBACD43/9463/VDEStudieTechnikakzep06.pdf, eingesehen am 21.04.06.

Wattenberg, Martin und Fernanda B. Viégas (2003): History Flow, Visualizing dynamic, evolving documents and the interactions of multiple collaborating authors. Preliminary Report. IBM Collaborative User Experience Research Group, IBM Watson Research Center Cambridge, Mass. 2003 unter: http://researchweb.watson.ibm.com/history/index.htm.

Wellmann, Burkhard (1982): Arbeit. Existenzsicherung und Lebenswert, Köln, (Walter-Raymond-Stiftung, Kleine Reihe, Heft 27).

Wichterich, Christa (1998): Die globalisierte Frau. Berichte aus der Zukunft der Ungleichheit, Reinbeck bei Hamburg.

WIK (2006): Potenziale alternativer Techniken zur bedarfsgerechten Versorgung mit Breitbandzugängen, unter: http://www.zukunft-breitband.de/Breitband/Portal/Redaktion/Pdf/studie-wik,property=pdf,bereich=breitband_portal,sprache=de,rwb=true.pdf, eingesehen am 27.04.06.

Praxisbeitrag von Heike Arnold

Eine Zusammenfassung des Web-Dossiers „Virtuelle Unternehmen: Warum sie entstehen. Wie sie entstehen. Und welchen Beitrag sie für den Wandel in Wirtschaft, Politik und Gesellschaft leisten wollen und können."

Sind virtuelle Unternehmen am Ende nur „neuer Wein in alten Schläuchen" – oder steckt mehr dahinter als manch einer vermutet? Dieser und anderen Fragen wie der nach Kompetenzen, die Menschen brauchen, um über die räumliche Distanz und via Technologie komplexe Projekte zu meistern oder zu den Hürden, die virtuelle Unternehmen an der Steigerung ihrer Performance hindern, geht die Autorin Heike Arnold in ihrem Web-Dossier nach. Sie beobachtet dies Aus Sicht der Praxis, die mitunter von schönen Theorien der Wissenschaft deutlich abweicht. Wie sich die Zukunft virtueller Unternehmen bis 2015 entwickelt haben kann, wird in der Abschlussarbeit, die von sich selbst sagt, kein Leitfaden im klassischen Sinn zu sein, ebenso betrachtet wie die Probleme des Wissenstransfers zwischen Wissenschaft und Wirtschaft.

Das Web-Dossier „Virtuelle Unternehmen" beginnt mit der Vorstellung der Arbeit, in der die Autorin erklärt, warum sie vom Stil und der Art eines klassischen Leitfadens Abstand genommen hat und statt dessen im erzählerischen Stil ihre Erfahrungen und die ihrer Interview-Partner wiedergibt. Erfolgskriterien von virtuellen Unternehmen einfach zu übernehmen, ist viel eher erfolgskritisch. Denn, was einer nicht selbst gedacht, erfahren und gemacht hat, verinnerlicht sich nicht, bleibt an der Oberfläche – und das merkt jeder einigermaßen kluge Gesprächspartner sofort."

Weiter geht es im Web-Dossier mit der Vorstellung des Projekts EVU, seinen Fragenstellungen und Zielen und einem Portrait zur Autorin, die seit mehr als einem Jahrzehnt praktische Projekte im Bereich virtueller Unternehmen durchführt.

In einem Exkurs geht es um die Anforderungen der Wissenschaft an die Wirtschaft – und umgekehrt. Hier wird unter anderem die kritische Frage gestellt, ob sich die Wissenschaft in dutzenden von Forschungsprojekten zum Thema Virtuelle Unternehmen um die Klärung von Fragen und Problemen bemüht, die in der Praxis schon längst von geringerer Relevanz sind – was zumindest aus Sicht von Praktikern so zu sein scheint. Warum bisher keine Zusammenfassung aller Ergebnisse aus der Forschungsarbeit um Virtuelle Unternehmen, Wissensarbeit & Co. erfolgt ist? Weshalb wird das gewonnene Wissen noch nicht in allgemein verständlicher Sprache der interessierten Gesellschaft, Diplomanden, der Wirtschaft und Politikern zur Verfügung gestellt und regelmäßig aktualisiert im Web? Das sind Fragen, die immer wieder im Rahmen von Forschungsprojekten an die meist gleichen Unternehmer gestellt werden. Die Überlegung, es könne durch ein kluges Informations- und Wissensmanagement hier eine Menge an Forschungsgeld gespart werden, ist nicht von der Hand zu weisen.

Im *ersten Kapitel* des Web-Dossiers „Ganz wirtschaftlich" geht es um den Sinn und Zweck virtueller Unternehmen. Werden sie aus der Not heraus von einzelnen Schwachen gegründet oder steckt hinter dem Kooperationsmodell eine Geschäftsstrategie? Bei den erfolgreichen virtuellen Unternehmen ist eindeutig Letzteres der Fall. Dabei steht der Kunde im Mittelpunkt der Geschäftsstrategie, denn ihm soll beste Qualität und bester Service geboten werden. In Konsequenz dieser Haltung gegenüber Kunden, konzentrieren sich Kleinst- und Kleinunternehmen auf den Ausbau und die Stärkung ihrer individuellen Möglichkeiten – Kernkompetenzen – und schließen sich, auch unter Berücksichtigung wirtschaftlicher Überlegungen – mit anderen Experten zusammen. Alles Wissen im eigenen Haus aufzubauen, um maßgeschneiderte Lösungen in ähnlich guter Qualität liefern zu können wie sie zustande kommt wenn sich die Besten ihrer Zunft für ein Projekt zusammenschließen, wäre nicht nur unökonomisch, sondern vielfach auch gar nicht erreichbar. Da sich Wissen so schnell erneuert, ist ein Vorsprung, den sich andere auf einem Fachgebiet erarbeitet haben, auf keinen Fall einzuholen. Jedenfalls nicht für die Projektarbeit, die in der Regel unter Zeitdruck erfolgt.

Ein weiteres, auf eine Strategie schließendes Motiv derer, die virtuelle Unternehmen ins Leben rufen, ist es, das Wachstum des eigenen Unternehmens sehr bewusst steuern zu können. So ist es im virtuellen Unternehmen für die Ausführung eines komplexen Projekts, das erhöhte Ressourcen an Arbeitskraft oder Technologie voraussetzt, nicht notwendig, in die Aufstockung von Personal oder die Anschaffung von nur gelegentlich benötigter Technologie zu investieren. Dadurch halten sich die laufenden finanziellen Belastungen in einem Unternehmen, das sich bei Bedarf mit anderen zusammenschließt um die eigenen Ressourcen zu erweitern, in überschaubaren Grenzen. Es muss nicht um jeden Preis akquiriert werden, um allein kostendeckend arbeiten zu können. Durch den Verzicht auf abhängig beschäftigtes Personal und die Reduzierung auf das Wesentliche, was für den jeweiligen Betrieb benötigt wird, verfügen die meisten Selbstständigen, Freiberufler, Freelancer oder Kleinst- und Kleinunternehmen über eine ausgesprochen schlanke Verwaltung – einen Wasserkopf wie bei klassisch organisierten Betrieben gibt es nicht. Das, was an Geld für teuren Overhead gespart wird, kann in Form von Zeit in das eigene Wissen und in die Qualität der Produkte und Dienstleistungen investiert werden.

Maximale Unabhängigkeit, maximale Flexibilität und maximale Kundenorientierung – das ist es, was Kunden sich vom virtuellen Unternehmen wünschen – und im Bestfall auch bekommen. Von Schwarzen Schafen abgesehen, die sich mit dem Geschäftsmodell nicht näher auseinandergesetzt haben abgesehen, konnten im Projekt EVU virtuelle Unternehmen aus einer Vorauswahl herausgefiltert werden, deren Gründer sich seit vielen Jahren mit der Idee des vernetzten Denkens und der Arbeit beschäftigen – und die sie in ihren Unternehmen auch konsequent leben. Mit einigen hat sich Heike Arnold ausführlich beschäftigt.

Im *zweiten Kapitel*: „Ganz realistisch – von Wegen, Werten und Zielen neuer Unternehmer" kommen drei Persönlichkeiten in ausführlichen Interviews zu Wort, die eine Reihe von Fragen zu typischen Untersuchungs- und Problemfeldern von virtuellen Unternehmen, teils unterschiedlich, teils übereinstimmend, aber stets sehr qualifiziert beantworten. Dabei werden auch offen Fehler und Versäumnisse eingestanden. Ebenfalls wird über Vorstellungen zur Zusammenarbeit mit Partnern gesprochen, über die immer wieder neu nachgedacht werden muss. Weil eben jeder Mensch einzigartig und die Vielfalt und Verschiedenartigkeit von Kulturen, Meinungen und Gewohnheiten gewaltig groß ist.

Während sich im ersten Interview Nora Weyhing, Gründerin und Mitinhaberin von poolworxx und Peter Opitz, Gründer der Opitz New Media/ Schweiz zu Fragen wie „Vertrauen vs. Verträge" oder zur Bedeutung der Kommunikation in virtuellen Unternehmen äußern, geht Marc Weyhing von poolworxx auf technologische Fragen und gesetzliche Vorschriften ein, die in virtuellen Unternehmen eine besondere Rolle spielen wie beispielsweise die Archivierungspflicht für E-Mails und den Umgang mit digitalen Rechnungen. Hier wird auch auf die digitale Betriebsprüfung eingegangen, die in jedem Fall, alle Organisationen betrifft, die nicht mehr alles Geschäftliche mit Block und Blei erledigen.

Um eine Vielzahl von Kompetenzen, die es in virtuellen Untenehmen braucht, geht es schließlich im *Kapitel Drei* des Web-Dossiers. Hier stellt die Autorin jeweils Theorie und Praxis gegenüber, beginnend mit der zumeist eher schwer verständlichen Definition eines Kompetenzbegriffs der Wissenschaft, die sie kurz und knapp übersetzt und um Perspektiven aus dem Alltag von virtuellen Unternehmen erweitert.

Dazu ein Beispiel:

Coopetitionkompetenz

Theorie ...

Coopetition umschreibt die Fähigkeit zur Kooperation bei gleichzeitiger Konkurrenz beziehungsweise die Fähigkeiten, um Konkurrenz in Kooperationen zu vermeiden beziehungsweise konstruktiv zu nutzen. Diesbezüglich spielen im Besonderen gemeinsam entwickelte Vereinbarungen und Verhaltensnormen eine große Rolle, aber auch Fähigkeiten im Umgang mit Konflikten, Fähigkeiten der Beziehungsgestaltung und Verhaltensstrategien synergetischen Handelns. Hier werden neue Kooperationsmechanismen notwendig, da latente Konkurrenzkonstellationen in virtuellen Unternehmen verbreitet sind.

Praxis ...

Klären wir rasch den englischen Begriff „Coopetition". Er setzt sich zusammen aus „Cooperation" und „Competition", also aus Kooperation und Wettbewerb. Unter „Coopetitionkompetenz" ist also die Fähigkeit zu verstehen, Wettbewerber für die Phase der Zusammenarbeit nicht als Konkurrenten zu betrachten, die einem die Butter vom Brot nehmen wollen, sondern sich mit ihnen für die gemeinsame Sache zu verbünden.

Ausführlicher:

Wird Konkurrenz als das verstanden, was es dem lat. Wortursprung con-currere nach bedeutet, nämlich das gleichzeitige Streben nach einem gleichen Ziel, kann vom Vorhandensein einer Coopetitionkompetenz ausgegangen werden.

Eine Kooperation, bei der das Vorhandensein von „Coopetitionkompetenz" in Zweifel gezogen werden kann, ist die Große Koalition, unsere derzeitige Bundesregierung. CDU und SPD mussten sich zusammenschließen, um die Interessen des Volkes (Kunden) gemeinsam vertreten zu können. Da keine der großen Parteien allein den Regierungsauftrag (das Vertrauen) vom Volk bekommen hat, ist diese Große Koalition unter dem Druck des Marktes zustande gekommen – eine freiwillige Zusammenarbeit liegt definitiv nicht zu Grunde. Gleichwohl muss die Zusammenarbeit der Konkurrenten funktionieren, wenn verhindert werden soll, dass jedem der Partner das Vertrauen des Volkes gänzlich entzogen wird.

In einem knapp 100-seitigen Koalitionsvertrag wird dem Auftraggeber (Volk) mitgeteilt, welche Maßnahmen die Große Koalition ergreifen wird, um die Probleme Deutschlands zu lösen. Über die Regeln der Zusammenarbeit zwischen den Koalitionären ist nichts zu lesen. Nun wissen wir also nicht, ob es eine solche Vereinbarung überhaupt gibt und können nur vermuten, dass sich Kanzlerin Merkel und Vizekanzler Müntefering darauf verständigt haben, dem Auftraggeber gegenüber in jedem Fall Coopetitionkompetenz zu beweisen.

Vor allem die Medien beäugen die plötzliche Harmonie zwischen den Volksvertretern mit Skepsis. Sollte im Verbund gehen, was die einzelnen Parteien nicht geschafft haben? Macht die Gemeinsamkeit aus zwei, im Ansehen der Bevölkerung geschwächten Parteien, eine starke, leistungsfähige, couragierte Regierung? Fakt ist, dass in dieser Großen Koalition ein gewaltiges Konfliktpotenzial liegt.

Nun gehört es zur Coopetitionkompetenz, mit Konflikten umzugehen und sie zu lösen – im Sinne des Kunden. Falsche Kompromisse, die dem inneren Frieden der Kooperationsgemeinschaft dienen, dem Kunden jedoch nur halbe Lösungen bieten, sind die eigentliche Gefahr in Kooperationen, die sich unter Druck des Marktes und, wie im Falle der Großen Regierungskoalition, aus stark egoistischen Motiven zusammenschließen.

Die Gefahr: Keiner möchte von seinen Idealen, Konzepten und Strategien wirklich abweichen. Weil sich aber eines gegen das andere nicht wirklich durchzusetzen vermag und kein Konsens erzielt werden kann, wird hier ein wenig gestrichen und dort ein wenig geduldet. Und irgendwann wird dabei vergessen, was eigentlich der Auftrag war, was der Kunde wollte und was man ihm versprochen hat.

Im Sinne der Transparenz gegenüber dem Kunden wäre es von enormer Bedeutung gewesen, es im Koalitionsvertrag nicht bei einer globalen Zielbeschreibung wie „Gemeinsam wollen wir die Arbeitslosigkeit bekämpfen" zu belassen, sondern ganz konkret zu beschreiben, was die einzelnen Akteure der Großen Koalition exakt darunter verstehen.

- Geht es um Vollbeschäftigung für alle?
- Geht es um den Erhalt der sozialen Umverteilungssysteme?
- Geht es um die seelische Gesundheit der Bürger?
- Was genau verbirgt sich hinter dem Ziel der Kooperation?
- Streben wirklich alle in die gleiche Richtung, wie das bei einer klassischen Konkurrenzsituation wie einem Wettrennen der Fall ist?
- Oder rennt jeder, wenn der Schuss fällt, in eine andere Richtung, weil einer das Ziel links, der andere rechts oder in der Mitte vermutet?

Nur wenn sich Partner, die im Normalfall alleine am Markt agieren und mit relativ ähnlichen Produkten und Dienstleistungen um Kunden, Marktanteile und Erfolg im Wettstreit stehen, absolut darüber im Klaren sind, dass sie persönliche Eitelkeiten und eigene Ideologien für den Zeitraum ihrer Zusammenarbeit zu Gunsten der Interessen eines gemeinsamen Kunden zurückstecken müssen, kann eine Kooperation zwischen Konkurrenten gelingen. Dann kann vom Vorhandensein einer Coopetitionkompetenz gesprochen werden.

- Hierbei erweist sich die individuelle Einstellung dem Kunden gegenüber als das Maß für die Kooperationsbereitschaft.
- Wollen alle beteiligten Partner wirklich nur das Beste für ihn, muss über mehr als eine Lösungsoption debattiert werden. Das bedeutet, dass die Bereitschaft bei den Partnern vorhanden sein muss, sich mit den vorgeschlagenen Lösungen der anderen ebenso intensiv zu beschäftigen wie mit den eigenen.
- Es muss die Haltung vorhanden sein, die Lösung eines Konkurrenten als die bessere für den Kunden zu respektieren und dann auch zu vertreten. Das schaffen einzig Menschen, zu deren Grundcharakter eine bestimmte Form der Großzügigkeit gehört. Ein Rheinländer würde dazu sagen: Man muss auch jönne könne!

Nach diesem Muster werden insgesamt 13 Kompetenzen vorgestellt, die im Rahmen des zeitgleich zum Projekt EVU durchgeführten Vorhabens VICO www.virtueller-coach.de als Schlüsselkompetenzen aus insgesamt mehr als 400 erkennbaren Einzelkompetenzen herausgefiltert wurden.

„Ganz konkret" geht es in *Kapitel Vier* um das, was virtuelle Unternehmen behindert und jenes, was getan werden könnte, um die Hürden zu beseitigen. Dem Leser wird Gelegenheit gegeben, einen Blick in das (fiktive) Tagebuch der Autorin zu werfen, in dem sie ihre Gedanken zu Bürokratie & Co. darlegt. Unter anderem stellt sie sich – mit einer gewissen Selbstironie – die Frage, warum es ihr so schlecht möglich ist, sich als GmbH-Geschäftsführerin und als Person Heike Arnold in zwei unterschiedliche „Wesen" zu spalten, um der Bürokratie genüge zu tun. Sich selbst zu Gesellschafterversammlungen einladen und mit sich selbst Beschlüsse zu fassen und das alles ordentlich zu Protokoll zu geben, erscheint ihr „seltsam". Nicht erklärlich ist ihr, warum es nicht längst eine digitale Signatur für alle Bundesbürger gibt, die den Gang zu Behörden und Notaren ersparen würde. Ihre Vision vom „virtuellen deutschen Handelsregister" will sie sich ebenfalls nicht nehmen lassen, denn ein häufiger Standortwechsel im Sinne von „dahin, wo die Kunden sind oder die Lebensqualität stimmt", also das, was an Mobilitätsbereitschaft immer wieder gepredigt wird, kostet eine Ein-Personen-GmbH nicht nur jede Menge Zeit, sondern auch immer wieder Geld, über das sich ein Notar gewiss freut, der den Standort- und jeden sonstigen Wechsel wie die Änderung bzw. Erweiterung des Geschäftszwecks – beurkunden muss.

Zukunft in Arbeit? Das fragen sich vor allem neue Selbstständige, die daran Zweifel hegen, ob wir wirklich schon im Begriff sind, das Industriezeitalter zu verlassen und die Zukunft im Zeitalter des Wissens zu entdecken – und zu gestalten. Der gestellten Aufgabe des Projektträgers nachkommend und jenen, die die Weichen für die Zukunft maßgeblich stellen (Politiker, Gewerkschafter, Banker und Wirtschaftsförderer) Denkanstöße zu geben, wird in diesem Kapitel ausführlich über Entbürokratisierung, Neue Kompetenzen vs. Alte Schule und über Life-Work-Balance entsprochen. Darf Arbeit Freude machen? Haben Sozialromantiker das Recht, denjenigen, die nicht nach Trennung von Arbeit und Leben fragen, karrieristisches, egoistisches Denken zu unterstellen? Brauchen unternehmerisch Denkende und Handelnde den allumfassenden Fürsorge- und Vorsorge-Staat? Und sollten nicht jene, die wirklich null Bock auf Arbeit haben, durch den Erhalt eines bedingungslosen Grundeinkommens von der Last, sich für etwas zur Verfügung halten zu müssen, was sie nicht wollen, befreit werden? – Überlegungen, die im Rahmen der im Juni 2005 stattgefundenen Zukunftswerkstatt des Projekts EVU geäußert und von den teilnehmenden Unternehmern kontrovers diskutiert wurden. Die Autorin betont, dass es sich bei den Gedanken und Forderungen, die in Kapitel Vier geäußert werden, um eine Zusammenfassung dessen handelt, was ihr in zahlreichen Gesprächen vermittelt wurde. Es entspricht dem Wunsch dieser Gesprächspartner, dass in dieser Abschlussarbeit „auch mal Klartext" geredet – und die Realitäten festgestellt werden.

In einer *Schlussbetrachtung* geht es noch einmal um die Frage: Zukunft in Arbeit? Arbeit in Zukunft? und um Meinungen, Haltungen und Forderungen, die neue Unternehmer vertreten. Weniger Staat ist der Tenor. Mehr Hilfe zur Selbsthilfe ist die Grundforderung an Entscheider in Wirtschaft und Politik. Von ihren Mitmenschen erwarten neue Unternehmer, dass sie sich ihrer Selbstverantwortung bei der Frage, wer eigentlich Arbeit schafft, bewusst werden und sich unternehmerisches Denken und Handeln gegenüber dem Befehls- und Hilfsempfängerdenken des Industriezeitalters durchsetzen wird.

Zu dem *Web-Dossier*, das seit 15.7.06 unter der *Internet-Adresse www.das-virtuelle-unternehmen.de* zu lesen ist, nimmt unter anderem Henry Steinhau, Chefredakteur der ASU/BJU Selbstständig: Depesche Stellung:

Angemessen leidenschaftlich.

Ein neues Dossier bietet mit seinem ergiebigen Diskurs zum Konzept „virtuelles Unternehmen" eine Heranführung, die man von einem Praxis-Leitfaden so nicht erwartet.

(...) Das Konzept „virtuelles Unternehmen" übt als eine konzentrierte unternehmerische Aktion, die über mehrere Standorte verteilt aus mehreren Köpfen, Teams, Firmen zusammengesetzt und einer zentralisierten Firma ebenbürtig ist, grosse Anziehungskraft aus: auf die Menschen und auf die Politik bislang weit mehr, als auf die Wirtschaft selbst. Warum eigentlich? Und zu recht?

Das mögen nicht die Ausgangsfragen des vorliegenden Dossiers gewesen sein. Aber genau diese beantwortet es, recht ergiebig, sogar – und zwar im qualitativen Sinne, nicht im quantitativen. Ergiebig vor allem, weil eine verständliche, journalistische, ja, feuilletonistische Ansprache gewählt wurde, was bei Praxisleitfäden im Speziellen und bei Berater-Lektüre im Allgemeinen weiß Glotz nicht die Regel ist. Doch der stark an das Wirtschaftsmagazin brand eins erinnernde Stil des moralisch intendierten Erzählerischen funktioniert: Am Ende des recht kompakten Diskurses fällt es dem gekurzweilten Leser leicht, im virtuellen Unternehmen einen offenbar zeitgemäßen wie vielschichtigen Gegenentwurf zu erkennen. Ein Gegenentwurf zu fremdbestimmter Lohnarbeit und freiberuflicher Selbstausbeutung, eine Alternative zur unternehmerischen Maxime Wachstum und en-vogue-istischen Work-Life-Balance – als Life-Work-Balance.

Weitere Stimmen zum Web-Dossier, Downloadmöglichkeiten, eine umfangreiche Literaturliste, Links und Quellenhinweise ergänzen die Online-Publikation. Die Gelegenheit, sich innerhalb des auf der Publikations-Plattform eingerichteten Diskussionsforums zu Wort zu melden, ist gegeben – und wird, so hofft die Autorin, rege genutzt.

Zu den Autoren:

Michael Heinze studierte Raumplanung an der Universität Dortmund und war von 1999 bis 2006 als Wissenschaftlicher Mitarbeiter und als Projektleiter im Sekretariat für Zukunftsforschung (SFZ) in Berlin und Dortmund tätig. Seit Sommer 2006 ist er Wissenschaftlicher Mitarbeiter an der Bergischen Universität Wuppertal am Fachbereich Architektur.

Christian Trapp studierte Volkswirtschaftslehre und Soziologie an der Universität Bielefeld. Seit 2002 betreibt er das *büro für engagierte forschung & wissensvermittlung* in Oerlinghausen und ist in der Forschung, wissenschaftlichen Dienstleistungen und in der politischen Bildung tätig.

Michaela Wölk studierte Informationswissenschaft und Volkswirtschaftslehre an der Freien Universität Berlin. Von 1993 bis 2000 war sie Wissenschaftliche Mitarbeiterin am IZT – Institut für Zukunftsstudien und Technologiebewertung. Von 2000 bis 2004 war sie Projektleiterin bei der Prognos AG, Basel und Berlin. Seit Sommer 2004 ist sie Projektleiterin am IZT.

Sandra Krause studierte Pädagogik in Hamburg, Bochum und Galway (Irland). Sie war als Freie Wissenschaftliche Mitarbeiterin für das Sekretariat für Zukunftsforschung (SFZ) tätig und ist gegenwärtig Promovendin am Allgemeinen Promotionskolleg der Ruhr-Universität Bochum.

Mandy Scheermesser studierte Sozialwissenschaften an der Humboldt-Universität zu Berlin. Seit 2000 ist sie Wissenschaftliche Mitarbeiterin am Berliner IZT – Institut für Zukunftsstudien und Technologiebewertung.

ZukunftsStudien

Herausgegeben von Rolf Kreibich

Die Bände 1-20 sind beim Beltz Verlag, Weinheim und
die Bände 21-30 bei der Nomos Verlagsgesellschaft, Baden-Baden erschienen.

Band 31 Michael Heinze / Christian Trapp / Michaela Wölk / Sandra Krause / Mandy Scheermesser: Virtuelle Unternehmen. Trendentwicklungen, Unternehmensfallstudien, Erfolgsfaktoren, Zukunftsszenarien. Mit einem Vorwort von Rolf Kreibich. Unter Mitarbeit von Britta Oertel mit einem Praxis-Beitrag von Heike Arnold. 2007.

www.peterlang.de

Hermann Schwengel (Hrsg.)

Wer bestimmt die Zukunft?
Wie die Verantwortlichen aus Politik, Wirtschaft und Gesellschaft die Weichen für eine gute gesellschaftliche Entwicklung stellen können

Frankfurt am Main, Berlin, Bern, Bruxelles, New York, Oxford, Wien, 2005.
135 S.
ISBN 3-631-52912-0 · br. € 19.80*

Wer definiert die Zukunft? – der Band geht dieser Frage in drei Perspektiven nach. Am Anfang steht die klassische Frage, was wir aus der Geschichte lernen können. Die Wissenschaften sind zu solchen Lernprozessen in der Lage, wobei in diesem Band insbesondere die Geschichtswissenschaft und die Soziologie im Blickpunkt stehen. Wir benötigen einen Zugang zu unserer Gegenwart und Zukunft, der uns erlaubt, auf gewinnbringende Art die Zukunft zu strukturieren. Des Weiteren spielen sich wichtige Zukunftsentscheidungen in Unternehmen ab, weshalb der Begriff der Innovationsprozesse mit Blick auf Managementtrends und Kommunikationsformen in den Unternehmen präzisiert wird. Gewerkschaften, die Unternehmen und ihre Verbände sowie die Politik im weiten Begriffssinn können dazu beitragen, die Zukunft zu definieren. Hier werden die Möglichkeiten strategischer Kommunikation ausgelotet.

Aus dem Inhalt: H. Schwengel: Wer definiert die Zukunft? Die Gliederung der Vergangenheit im Zeichen der Globalisierung · *P. Bender*: USA und Europa, Rom und Griechenland · *D. Mertens*: Die Renaissance und die *Renaissancefähigkeit* der Gesellschaft · *H.-J. Gehrke*: Griechen, Römer und die Erneuerung von Zivilisationen · *H. Rust*: Über den Wandel von Managementkonzepten · *B. Priddat*: Organisationen als differente Lernarenen · *E. Voscherau*: Die BASF in der politischen Öffentlichkeit · *M. Vassiliadis*: Strategische Kommunikation in Organisationen – Das Beispiel der IGBCE · *H. Schwengel/K.-W. West*: Strategische Kommunikation in der Kommunikationsgesellschaft

Frankfurt am Main · Berlin · Bern · Bruxelles · New York · Oxford · Wien
Auslieferung: Verlag Peter Lang AG
Moosstr. 1, CH-2542 Pieterlen
Telefax 00 41 (0) 32/376 17 27

*inklusive der in Deutschland gültigen Mehrwertsteuer
Preisänderungen vorbehalten

Homepage http://www.peterlang.de